Gr. 4? (f?) V692:
E.e.

2969.

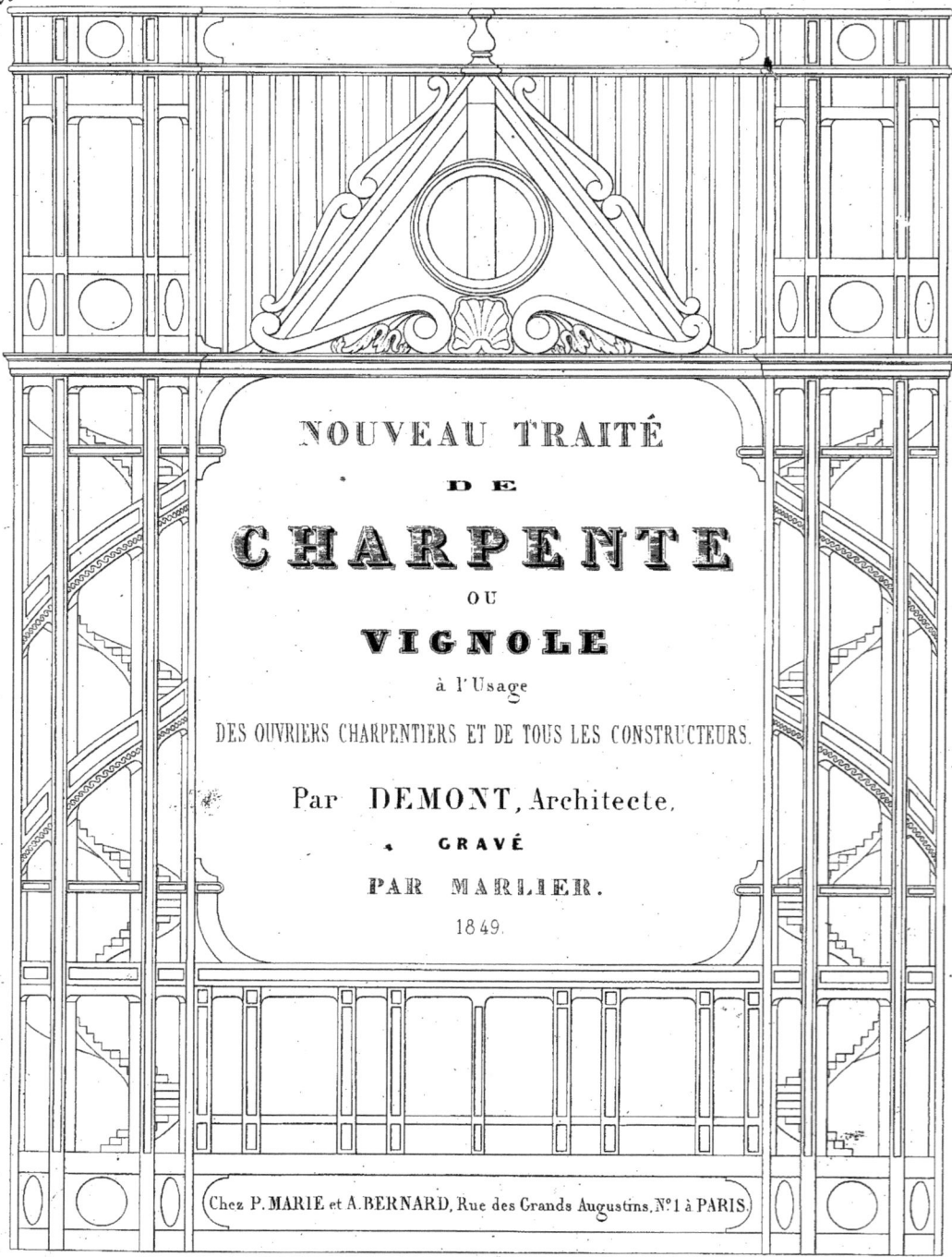

1060

# NOUVEAU TRAITÉ

## DE

# CHARPENTE

## OU

# VIGNOLE

à l'Usage

### DES OUVRIERS CHARPENTIERS ET DE TOUS LES CONSTRUCTEURS.

Par **DEMONT**, Architecte.

**GRAVÉ**

**PAR MARLIER.**

1849.

Chez P. **MARIE** et A. **BERNARD**, Rue des Grands Augustins, N° 1 à PARIS.

# NOUVEAU TRAITÉ

DE

# CHARPENTE

OU

# VIGNOLE

A L'USAGE

*des Ouvriers charpentiers et de tous les Constructeurs*

## Par DEMONT, Architecte,

GRAVÉ

## PAR MARLIER.

———————— ❦ ————————

PARIS.

CHEZ P. MARIE ET A. BERNARD, ÉDITEURS,

RUE DES GRANDS-AUGUSTINS, 1.

1850

# NOUVEAU TRAITÉ DE CHARPENTE.

J'indiquerai dans cet ouvrage les axiomes et les procédés géométriques qui sont indispensables à l'art du charpentier, le figuré des principaux assemblages, ainsi que la nomenclature des outils employés dans cette partie.

Je décrirai ensuite les opérations graphiques les plus importantes à l'aide desquelles on pourra déterminer la forme des bois, et par conséquent tracer sur ces bois les parties qui devront en être retranchées pour satisfaire aux différents modes d'assemblages qu'ils devront avoir et aux diverses fonctions que chacun d'eux devra remplir dans l'ensemble d'un travail de charpente.

## DÉFINITIONS PREMIÈRES.

Le point, la ligne, la surface servent à définir les solides employés dans la charpente ; les solides en charpente consistent en pièces de bois de différentes formes.

Le point n'a pas de dimension : c'est la limite d'une ligne, ou, pour mieux dire, l'endroit où elle cesse d'exister.

La longueur de tout corps ou solide est représentée par la ligne, qui est une étendue sans largeur ni épaisseur. Il y a plusieurs espèces de lignes :

La *ligne droite*, pl. I, fig. 1, qui est le plus court chemin du point A au point B.

La *ligne brisée*, A B C D E F, fig. 2, qui n'est qu'un composé de lignes droites.

La *ligne courbe régulière*, fig. 5, c'est-à-dire celle produite par un trait de compas E F, et dont tous les points sont également éloignés d'un autre point appelé son centre.

La *ligne courbe irrégulière* C D, fig. 4, qui n'est point produite par le compas et qui par cela même ne jouit point des propriétés de la courbe régulière.

La *ligne mixtiligne* A B, fig. 5, c'est-à-dire une ligne composée à la fois de lignes droites et courbes.

Les droites g h, I K, fig. 6, sont des lignes parallèles, c'est-à-dire qu'elles seront toujours également éloignées l'une de l'autre, à quelque distance qu'on les prolonge. Si, au lieu d'être droites, ces lignes étaient courbes, mais qu'elles fussent toujours éloignées l'une de l'autre dans toute leur étendue, ces lignes s'appelleraient courbes parallèles.

Quand une ligne droite coupe une autre ligne droite d'équerre, ces lignes sont perpendiculaires entre elles.

Toute ligne droite qui n'est point d'équerre avec une autre ligne droite est une ligne oblique, comme l'indique la ligne L M de la fig. 7.

La ligne R S, fig. 8, est une ligne verticale, c'est-à-dire la ligne produite par un fil au bout duquel un plomb est abandonné à son propre poids. Cette ligne est toujours perpendiculaire, c'est-à-dire d'équerre avec la ligne horizontale p q, fig. 9. Cette ligne est appelée horizontale, parce qu'elle est parallèle à l'horizon, ou pour mieux dire de niveau.

## ANGLES.

L'*inclinaison* produite par la rencontre de deux lignes droites ou courbes qui se coupent en un point, fig. 10, 11, 12, s'appelle *angle*. Le sommet de l'angle est le point où ces lignes se rencontrent.

L'angle produit par une ligne droite et une ligne courbe, fig. 10, s'appelle mixtiligne.

Celui produit par deux lignes courbes, fig. 11, se nomme curviligne.

Celui formé par deux lignes droites, fig. 12, s'appelle rectiligne.

On distingue trois espèces d'angles : *angle droit, angle aigu, angle obtus.*

L'*angle droit*, fig. 14, est formé par la rencontre de deux lignes qui se coupent d'équerre.

L'*angle aigu* est moins grand que l'angle droit, fig. 12.

L'*angle obtus* est plus grand que l'angle droit, fig. 15.

Les angles se mesurent au moyen de la circonférence (divisée, suivant les anciennes mesures, en 360 parties égales appelées degrés, et, suivant les nouvelles, en 400 parties égales appelées aussi degrés). On prend pour centre de cette circonférence le sommet de l'angle ; alors le nombre de divisions comprises entre les côtés de ce dernier indique le nombre de degrés de cet angle.

# TRIANGLES.

Le triangle rectiligne est une figure qui a trois côtés formés par trois lignes droites et qui contient aussi trois angles.

Il y a trois espèces de triangles :

Le *triangle rectangle*, qui a un angle droit.

Le *triangle obtusangle*, qui a un angle obtus.

Le *triangle acutangle*, qui a ses trois angles aigus.

Le triangle qui a ses trois côtés égaux, fig. 13, se nomme *triangle équilatéral*.

Celui qui n'a que deux côtés égaux, fig. 16, se nomme *triangle isocèle*.

Et celui qui a ses trois côtés inégaux, fig. 17, se nomme *triangle scalène*.

Le *triangle curviligne*, fig. 18, est celui dont les côtés sont formés par des lignes courbes.

Le *triangle mixtiligne*, fig 19, est celui dont les côtés sont composés de lignes droites et courbes.

La base d'un triangle est l'un de ses côtés, suivant la demande de l'opération. Mais alors l'angle opposé à ce côté, pris pour base, est le sommet du triangle, et la perpendiculaire abaissée du sommet de ce triangle sur sa base est la hauteur de cedit triangle. Ainsi, fig. 16, dans le triangle ABC, si l'on prend BC pour base, A est le sommet du triangle et la perpendiculaire AD la hauteur. Quelquefois la perpendiculaire tombe en dehors du triangle, comme pour le triangle DEG, fig. 17; car dans ce triangle, en prenant DG pour base, la perpendiculaire abaissée du sommet E du triangle sur la base DG ne pourra donner la hauteur réelle EF de ce triangle qu'en prolongeant la base DG jusqu'à la rencontre F de la perpendiculaire EF ; mais la base réelle du triangle n'aura toujours pour longueur que celle de DG.

Si dans le triangle rectangle on prend pour base l'une des deux lignes qui forment l'angle droit, l'autre ligne en sera la hauteur, puisqu'elles se coupent perpendiculairement. Le côté opposé à l'angle droit a pour nom *hypoténuse*,

Dans tout triangle, la somme des trois angles égale 180 degrés ancienne mesure, ou 200 degrés nouvelle mesure, enfin deux angles droits ou la moitié de la circonférence.

# QUADRILATÈRES.

Le quadrilatère est une figure qui a quatre côtés pour contour.

La fig. 20 est un quadrilatère mixtiligne, c'est-à-dire composé de lignes droites et courbes.

Le carré, fig. 21, est un quadrilatère dont les quatre côtés sont égaux et les quatre angles droits. C'est pourquoi on prend indistinctement pour sa hauteur l'un de ses côtés et pour base l'un des autres côtés, mais mieux celui qui se joint avec le côté pris pour hauteur.

Le losange, fig. 22, est un quadrilatère dont les quatre côtés sont égaux, mais dont les angles opposés et non situés sur la même droite sont seuls égaux.

Le parallélogramme rectangle, fig. 23, a ses quatre angles droits et ses côtés opposés parallèles et égaux. Il a aussi pour hauteur indistinctement l'un de ses côtés, mais pour base l'un des côtés qui forme angle droit avec celui pris pour hauteur. La ligne RS de cette figure, qui joint deux angles opposés, s'appelle diagonale.

Le parallélogramme non rectangle ou oblique, fig. 24, a ses côtés parallèles égaux et les angles opposés, et non situés sur la même droite, égaux. Il a pour hauteur la perpendiculaire élevée sur l'un des côtés pris à volonté, et pour base ce côté.

Le trapèze, fig. 25, est un quadrilatère dont deux côtés seulement sont parallèles. Il a pour hauteur la perpendiculaire aux deux côtés parallèles qui en sont les bases.

# POLYGONES RÉGULIERS.

Il y a encore des figures régulières qu'on appelle polygones réguliers, et qui ont les côtés et les angles égaux, comme l'indiquent les figures 30 et 31. On leur donne différents noms, suivant le nombre de leurs côtés. Ainsi on appelle *pentagone* celle qui a cinq côtés, *hexagone* celle de six, *heptagone* celle de sept, *octogone* celle de huit, *ennéagone* celle de neuf, *décagone* celle de dix.

La circonférence, fig. 26, est une ligne courbe dont tous les points sont également éloignés d'un autre point intérieur appelé son centre. La ligne vx, qui passe par le centre et qui partage la circonférence en deux parties égales, est le diamètre de cette circonférence. La ligne tu, qui coupe la circonférence en deux points sans passer par le centre, est une *sécante*.

Le demi-diamètre IK, fig. 27, mené du point de centre K à la circonférence I, s'appelle *rayon*. La ligne LM, qui touche la circonférence au seul point I, et qui est perpendiculaire sur le demi-diamètre IK, est une tangente à cette circonférence ; le point I est le point de contact.

Le cercle est la superficie renfermée dans la circonférence ; le cercle est donc une surface, tandis que la circonférence n'est qu'une ligne.

La portion de circonférence d e f, fig. 27, est un arc, et la ligne d f qui joint les deux extrémités de cet arc est une corde. L'espace A compris entre cet arc et sa corde est une portion de la superficie du cercle et se nomme *segment*.

La portion de surface, fig. 27, comprise entre deux rayons K d, K f et l'arc d e f, s'appelle *secteur*.

Les figures concentriques, fig. 34, sont celles qui ont un centre commun.

Les figures excentriques, fig. 35, sont celles dont les centres ne sont pas communs.

La spirale, fig. 28, est celle qui décrit plusieurs révolutions autour de son centre en s'en éloignant toujours.

## ELLIPSES ET FIGURES ELLIPTIQUES.

La figure elliptique est une figure composée de lignes courbes et tracées au moyen du compas, fig. 53, 54, 55.

L'ellipse, au contraire, fig. 56, est une courbe qui ressemble aux figures elliptiques, mais qui ne peut se décrire au moyen du compas, et dont les points de passage sont déterminés par des opérations géométriques.

La figure elliptique, fig. 54, a deux axes, un grand c d et un petit a b, et le point e de rencontre de ces deux axes en est le centre commun. Les opérations à faire pour obtenir les figures elliptiques des fig. 54 et 55, étant suffisamment indiquées par les lignes ponctuées, je n'entrerai pas dans de plus grands détails à leur égard.

Pour tracer la figure elliptique 53, divisez la longueur du grand axe u b en 4 parties 1/3, et, pour fixer les points g i, portez une partie de la division du grand axe du point u au point g, et une du point b au point i. Du point g, avec une ouverture de compas égale à u g, décrivez l'arc de cercle d u c ; faites-en autant de l'autre côté ; puis du point u, toujours avec la même ouverture de compas, décrivez l'arc c g d ; faites la même opération pour la partie opposée, et vous aurez fixé les points c, d, e, f ; ensuite du point c, avec une ouverture de compas égale à c e, décrivez l'arc e a, opération que vous répéterez pour les trois points e, d, f, et qui vous donnera les points d'intersection a, p, desquels points comme centres vous décrirez les arcs c e, d f qui compléteront le tracé de cette figure.

On forme l'ellipse, fig. 56, au moyen de deux points E, e, appelés foyers, et qu'on place sur le grand axe A B à égale distance des points A et B. Pour fixer la distance de ces points, le grand axe A B et le petit axe G I étant connus, du point G ou du point I, avec une ouverture de compas égale à A C ou à C B, vous décrirez un arc qui coupe le grand axe aux points E, e. Ces deux points seront les deux foyers auxquels vous fixerez d'une manière quelconque les deux extrémités d'un fil de fer ou d'un cordeau de la longueur entière du grand axe A B, ce fil ou ce cordeau devant avoir une souplesse susceptible de prendre toutes les formes ; alors, avec une pointe ou un crayon, vous tirerez sur le fil ou cordeau et tracerez l'ellipse A I B G. Les lignes ponctuées indiquent les diverses figures que présentera le fil ou cordeau lorsque, tiré ou tendu par la pointe, celle-ci passera au point h ou au point I.

## TRACÉ DE LA COURBE APPELÉE ANSE DE PANIER.

Cette figure, pl. II, fig 33, est une courbe produite par plusieurs arcs de cercle.

Soient A B le diamètre de la courbe et L C sa hauteur, qu'on prolongera indéfiniment jusqu'en D ; on tirera ensuite A C ; on fera L E égal à L C, et C G égal à A E ; du point N, milieu de A G, on élèvera O N H perpendiculaire à A G. Cette perpendiculaire, prolongée jusqu'à la rencontre de C D, déterminera sur le diamètre A B le point H, centre du rayon H A, et le point D, centre du rayon C D. Connaissant les deux rayons H A, C D et leur centre, nous pourrons tracer la courbe A O C, moitié de la courbe cherchée. Le rayon C D est commun aux deux moitiés de cette courbe ; en portant L H de L en I, on connaîtra le centre I du rayon I B nécessaire pour tracer toute le courbe A O C K B.

## SURFACES.

*Moyens géométriques pour avoir la valeur de la superficie ou surface de toutes les figures planes.*

Une surface plane ou figure plane est celle sur laquelle une ligne droite appliquée dans tous les sens se confondra toujours avec cette surface plane.

La surface ou superficie du triangle est égale à la longueur de sa base multipliée par la moitié de la longueur de sa hauteur. Ainsi, par exemple, si la base contenait 8 mètres et la hauteur 4 mètres, on multiplierait 8 par 2, moitié de la hauteur ; ce produit donnerait 16 mètres carrés, valeur de la superficie du triangle.

Les superficies du carré, du parallélogramme rectangle ou oblique, sont égales à leur base multipliée par leur hauteur ( j'ai dit plus haut quelles étaient les bases et les hauteurs de ces figures ).

La superficie de la losange s'obtient en la divisant en deux triangles qu'on évalue chacun comme il est dit ci-dessus, et dont on ajoute les deux sommes ensemble pour la superficie totale.

La superficie du trapèze est égale à sa hauteur multipliée par la moitié de la somme de ses bases parallèles.

La superficie d'un polygone régulier, pl. I, fig. 31, est égale à la somme ou longueur totale de ses côtés multipliée par la moitié de la longueur de la perpendiculaire abaissée du centre de cette figure sur l'un des côtés.

La superficie de l'ellipse ou de la figure elliptique s'obtient en multipliant la moitié du grand axe par la moitié du petit axe, et en multipliant de nouveau ce produit par 3 et 1/7.

La superficie du cercle est égale à sa circonférence multipliée par la moitié du rayon. Mais pour avoir cette sur-face, il faut savoir obtenir la longueur d'une circonférence dont le diamètre est connu ; pour cela, on multipliera le diamètre de cette circonférence par 22, on en divisera le produit par 7 ; le résultat sera la mesure de la circonfé-rence, mesure que l'on multipliera à son tour par la moitié du rayon ou demi-diamètre, et l'on aura la superficie du cercle.

La superficie du secteur D, fig. 29, sera donnée par la multiplication de l'arc qui lui sert de base par la moitié de son rayon.

La superficie du segment d e f, fig. 27, s'obtient en retranchant la surface du triangle d K f de celle du secteur d e f K.

## PROBLÈMES.

Diviser sans tâtonnements, fig. 36, la droite O P en un certain nombre de parties égales.

Du point O, tirez à volonté la ligne O N sur laquelle vous porterez autant de parties égales que vous voudrez, dix parties par exemple ; vous joindrez alors le point P de la ligne O P avec le point N de la ligne O N, et des points de division marqués sur la ligne O N vous mènerez des parallèles obliques à la ligne N P, qui diviseront la ligne O P en dix parties égales.

Partager une ligne droite A B, fig. 37, en deux parties égales, ou (ce qui est la même chose) élever une perpen-diculaire sur le milieu de cette ligne.

Des points A et B, avec une ouverture de compas plus grande que la moitié de A B, décrivez des arcs qui se coupent en C et D, et par ces deux points faites passer la droite CD qui coupera la ligne A B en deux parties égales au point E.

Elever une perpendiculaire, fig. 38, à l'extrémité F de la ligne E F.

Placez une des pointes de votre compas en un point G pris à volonté, mais cependant de manière à ce que vous puissiez, par le point F de la ligne E F, faire passer un arc de cercle E F D qui coupe en même temps la ligne E F en un certain point E. Vous tirerez une ligne droite par les points E G, vous la prolongerez jusqu'à ce qu'elle coupe l'arc de cercle E F D au point D, et vous aurez la droite F D qui sera la perpendiculaire cherchée.

Autre méthode, fig. 59, pour élever la perpendiculaire u s sur l'extrémité de la ligne t u.

Portez sur la ligne t u, à partir du point u, cinq distances égales prises à volonté. Du point u comme centre, avec une ouverture de compas égale à u X ou à quatre divisions, tracez l'arc indéfini X s ; et du point R comme centre, avec une ouverture de compas égale à u V, ou à cinq divisions, tracez un arc de cercle qui coupe le premier au point s, tirez ensuite la droite u s, qui sera la perpendiculaire à la ligne t u.

Sur l'extrémité N d'une droite N q, fig. 40, élever une perpendiculaire sur cette droite.

Du point N avec une ouverture de compas à volonté, décrivez l'arc indéfini P O qui coupe N q en P ; du point P, avec la même ouverture de compas, décrivez un arc de cercle qui coupe l'arc P O en O ; par les points P, O, tirez la droite indéfinie P R. Ensuite du point O, toujours avec la même ouverture de compas, décrivez un arc de cercle qui coupe la droite P R en R, et tirez M N qui sera la perpendiculaire cherchée.

La ligne C D étant donnée, fig. 41, faire passer par le point A une parallèle à cette ligne.

Du point A comme centre, et d'une ouverture de compas suffisamment grande, décrivez l'arc indéfini D B ; du point D comme centre, opérez de même ; faites ensuite D B égal à A C, et tirez A B.

La ligne D B étant donnée, fig. 42, faire passer par le point A une parallèle à cette ligne.

Du point A, menez la droite A B qui coupe la droite D B en un point B, prenez le milieu E de la droite A B, et par les points D E faites passer une droite que vous prolongerez indéfiniment ; vous ferez sur cette droite E C égal à D E, et vous tirerez A C, parallèle demandée.

La ligne A F étant donnée, fig. 43, faire passer par le point C une parallèle à cette ligne.

Du point C comme centre, on décrit en tâtonnant un arc de cercle B C qui touche la droite A F en un point ; d'un autre point H pris sur a f, on décrit, avec la même ouverture de compas, l'arc d e ; ensuite on fait passer une ligne droite par le point C, et qui en même temps soit tangente à l'arc d e, et l'on aura la parallèle.

Construire une courbe e f, fig. 45, semblable à celle connue EF, fig. 44.

En examinant attentivement les opérations, on les comprendra facilement sans qu'il soit besoin d'en parler plus longuement.

Au point d, fig. 47, de la ligne d e, faire un angle égal à l'angle b a c de la fig. 46.

Du sommet a, fig. 46, et d'une ouverture de compas prise à volonté, décrivez l'arc I K, terminé aux deux côtés de l'angle ; du point d, avec la même ouverture de compas, décrivez l'arc indéfini h g ; prenez h x égal à KI et tirez d f, vous aurez l'angle f d e égal à l'angle b a c.

Partager l'angle f e g, fig. 48, en deux parties égales.

Du sommet e et d'une ouverture de compas prise à volonté, décrivez l'arc f d g. Des points f et g, placés sur les côtés de l'angle f e g, décrivez avec une ouverture de compas arbitraire les deux arcs o et p qui se coupent en s, et tirez la droite e s qui divisera l'angle f e g en deux parties égales.

D'un point C, fig. 49, donné hors de la droite AB, abaisser une perpendiculaire sur cette droite.

Du point C comme centre, et d'un rayon suffisamment grand, décrivez un arc qui coupe la ligne AB aux deux points q, r, et de ces deux points, avec une ouverture de compas plus grande que la moitié de q r, décrivez deux arcs qui se coupent en G et tirez C G, qui sera la perpendiculaire cherchée.

Trouver le centre d'un cercle ou d'un arc donné, ou, ce qui revient au même, par trois points donnés faire passer une circonférence, fig. 50.

Prenez à volonté sur la circonférence ou sur l'arc trois points A B C, joignez ces trois points par deux lignes droites; au milieu de chacune de ces deux lignes, élevez les perpendiculaires D E, F G (problème 2). Le point I, rencontre de ces deux perpendiculaires, sera le point de centre cherché du cercle ou de l'arc de cercle.

Par un point donné R, fig. 51, mener une tangente à un cercle donné dont le rayon est O R.

Il y a deux cas: 1° Si le point R donné est sur la circonférence, vous tracerez le rayon O R et élèverez (problème 5) M N perpendiculaire sur l'extrémité R du rayon O R; cette perpendiculaire sera la tangente demandée.

2° (fig. 52). Si le point A donné auquel on veut mener la tangente est hors du cercle, on joindra le point A et le centre C du cercle donné par la droite A C; on divisera cette dernière ligne en deux parties égales par la perpendiculaire E F élevée sur le milieu O de A C, et du point O, avec une ouverture de compas égale à O C, on décrira une circonférence qui rencontrera la circonférence donnée au point B; on tirera A B, qui sera la tangente cherchée.

## CORPS ou SOLIDES.

Le corps ou solide, dont la matière varie à l'infini, est une substance qui réunit trois dimensions, longueur, largeur, hauteur ou épaisseur. Il a toujours pour limites des surfaces planes ou courbes, et souvent planes et courbes à la fois. La solidité ou le volume d'un corps est la quantité d'espace occupée par ce corps. Les corps sont réguliers ou irréguliers, c'est-à-dire terminés par des surfaces régulières ou irrégulières.

La surface concave est celle qui représente l'intérieur d'un corps creux.

La surface convexe, au contraire, est la surface extérieure d'un corps bombé.

Les principaux solides sur lesquels reposent les bases de la géométrie descriptive sont:

La sphère, pl. II, fig. 1, qui est un solide enveloppé par une seule surface dont tous les points sont également éloignés d'un point intérieur appelé son centre. Si l'on coupe cette sphère en un endroit quelconque par une surface plane, la section produite par cette surface plane sera un cercle, et si cette surface passe par le centre de la sphère, cette nouvelle section sera un grand cercle de la sphère et le diamètre de ce grand cercle sera aussi le diamètre de la sphère.

La surface d'une sphère est égale à la circonférence d'un de ses grands cercles multipliée par le diamètre.

La solidité de la sphère s'obtient en multipliant sa surface par le tiers de son rayon, ou le sixième de son diamètre.

La surface convexe des ellipsoïdes, ou corps elliptiques, s'obtiendra (sans commettre une grande erreur) en multipliant la circonférence du cercle du petit axe par le grand axe; et la solidité de ces mêmes corps, en multipliant: 1° le grand axe par le petit axe et en prenant la racine carrée de ce produit; 2° cette racine carrée étant la moyenne proportionnelle entre le grand et le petit axe, vous chercherez alors la circonférence d'un cercle qui aurait pour diamètre cette racine carrée. Vous multiplierez cette circonférence par ce diamètre, ce qui vous donnera la surface de l'ellipsoïde, surface que vous multiplierez à son tour par le sixième du diamètre. Le résultat sera la solidité du corps.

Le cube, fig. 2, est un corps régulier à six surfaces appelées carrés et perpendiculaires entre elles.

Le prisme triangulaire droit, fig. 3, est un solide qui a pour bases deux triangles équilatéraux, et dont le contour est formé de trois surfaces planes rectangulaires et perpendiculaires à la surface des deux bases.

Le prisme triangulaire oblique, fig. 10, est un solide qui a pour bases deux triangles équilatéraux, et dont le contour est formé de trois surfaces planes dont la rencontre produit des arêtes obliques à la surface des deux bases, mais parallèles entre elles.

Le prisme quadrangulaire droit, fig. 4, a pour bases deux carrés, et est enveloppé par quatre surfaces planes rectangulaires et perpendiculaires aux deux bases.

Le prisme quadrangulaire oblique, fig. 11, a pour bases deux carrés, et est enveloppé par quatre surfaces planes dont la rencontre produit des arêtes obliques à la surface des deux bases, mais parallèles entre elles (tout prisme a pour hauteur la perpendiculaire à ses deux bases parallèles).

Le parallélipipède est un corps qui a pour enveloppe six parallélogrammes rectangulaires.

La pyramide, fig. 5, est un solide qui a pour base un polygone quelconque, des angles duquel s'élèvent des lignes droites ou arêtes qui aboutissent toutes en un même point, qu'on appelle sommet de la pyramide.

La hauteur d'une pyramide est la perpendiculaire abaissée de son sommet sur sa base. Quand la pyramide est oblique, la perpendiculaire tombe en dehors de cette pyramide, sur le plan prolongé de sa base.

La pyramide triangulaire droite, fig. 5, a pour base un triangle équilatéral, tandis que la base d'une pyramide triangulaire oblique, fig. 12, peut ne pas être un triangle équilatéral.

La ligne d'axe d'une pyramide oblique quelconque est toujours une ligne oblique.

La pyramide tronquée est celle dont on a retranché une partie du sommet par la section faite au moyen d'un plan qui la traverse.

Le cylindre est un corps solide dont les deux bases sont des cercles égaux et parallèles, et le contour une surface convexe engendrée par la révolution d'un rectangle tournant autour de l'un de ses côtés lui servant d'axe.

Le cylindre droit, fig. 7, a son axe perpendiculaire à ses deux bases; cet axe est la hauteur du cylindre.

La surface convexe d'un cylindre droit est égale au produit de la circonférence de sa base par la hauteur du cylindre; pour avoir la surface entière du cylindre, il faut ajouter à sa surface convexe la surface de chacune de ses deux bases.

Le cylindre oblique, fig. 14, a son axe oblique à la surface de ses deux bases.

Pour avoir la surface convexe d'un cylindre oblique, il faut prendre le contour de ce cylindre perpendiculairement aux lignes obliques de hauteur, et multiplier le développement de ce contour par la longueur d'une des lignes obliques de hauteur; le produit sera la surface convexe du cylindre, à laquelle il faudra ajouter la surface des deux bases pour obtenir la surface entière de ce cylindre.

Le cône est un solide engendré par la révolution d'un triangle rectangle qu'on suppose tourner autour d'un des côtés opposés à l'hypoténuse et qui lui sert d'axe.

Le cône droit, fig. 8, a pour base un cercle; son axe est perpendiculaire à cette base et est la hauteur de ce cône.

La hauteur du cône oblique, fig. 15, est la perpendiculaire abaissée de son sommet sur la surface de sa base (prolongée s'il est nécessaire).

La surface convexe d'un cône est égale à la circonférence de sa base multipliée par la moitié de son côté.

Le cône tronqué, fig. 9, se définit de même que la pyramide tronquée.

La surface convexe d'un cône tronqué s'obtient en ajoutant ensemble les circonférences des deux bases, et en prenant la moitié de leur somme que l'on multiplie par l'un des côtés dudit cône.

La surface du cube est égale à la surface d'un de ses côtés multipliée par 6, et sa solidité, à la surface de sa base multipliée par sa hauteur.

Tous les solides étant enveloppés par des surfaces planes ou courbes qui elles-mêmes forment des figures dont j'ai décrit plus haut la manière d'évaluer la superficie, je ne vais plus parler que de l'évaluation de la solidité des corps.

La solidité d'un prisme quelconque est égale au produit de la surface de sa base par sa hauteur.

La solidité du parallélipipède s'obtient en prenant comme base la superficie d'une de ses faces, et en multipliant cette superficie par la hauteur perpendiculaire à cette base.

La solidité d'une pyramide quelconque s'obtient en multipliant la surface de sa base par le tiers de sa hauteur.

La solidité d'une pyramide tronquée s'obtiendra en terminant la pyramide entière, en cherchant la solidité de cette pyramide, et en retranchant de la solidité de cette pyramide celle de la petite pyramide qui complète la pyramide tronquée.

La solidité du cylindre droit ou oblique est égale à la surface de sa base multipliée par la hauteur du cylindre. La hauteur du cylindre est la perpendiculaire aux deux bases parallèles.

La solidité du cône droit est égale au produit de la surface de la base par le tiers de sa hauteur.

La solidité du cône tronqué s'obtient comme celle de la pyramide tronquée.

## DESSIN GÉOMÉTRAL.

Le but du dessin géométral est de parvenir, au moyen de la règle et du compas, à représenter sur une feuille de papier ou d'une surface plane quelconque qui n'a que deux dimensions, longueur et largeur, les corps qui en ont trois, longueur, largeur, hauteur ou épaisseur, et à obtenir les dimensions et formes exactes de chacun de ces corps.

A cet effet, il faut comprendre le système des projections.

On appelle projection d'un point, fig. 52, sur un plan ou surface plane, l'endroit où la perpendiculaire abaissée de ce point sur le plan rencontre ce plan. Ainsi, par exemple, soit le point O imaginé dans l'espace, et dont on veut avoir la projection sur le plan a b c d. Le point P, pied de la perpendiculaire OP abaissée du point O sur le plan, sera la projection du point O, et la perpendiculaire OP la ligne de projection.

Pour fixer la position d'une ligne droite située dans l'espace, il faut avoir recours à deux plans (l'un horizontal et l'autre vertical, et par conséquent perpendiculaire au premier), sur lesquels on décrira les projections de cette ligne, projections qui prendront la dénomination du plan sur lequel elles sont tracées, c'est-à-dire projections horizontales et projections verticales. Or, comme les limites d'une ligne droite consistent en deux points, et que la projection d'une ligne droite est elle-même une ligne droite, pour avoir la projection d'une ligne droite il suffit d'avoir les projections des deux points qui la limitent.

Il suit de là que, pour avoir la projection horizontale d'une ligne droite, il suffit d'abaisser des deux extrémités de cette droite deux perpendiculaires sur le plan horizontal, et pour avoir sa projection verticale, d'abaisser des deux extrémités de la même droite deux perpendiculaires sur le plan vertical.

Pour fixer les idées, supposons que nous ayons suspendu dans l'espace, pl. II, fig, 3, le solide ou prisme droit triangulaire E F G, H I K, et qu'il soit question de reconstruire un prisme semblable à ce dernier, il faudrait pour cela déterminer ses dimensions sur le papier ou sur une surface plane quelconque. Pour déterminer ces dimensions, il faudra obtenir sur deux plans, l'un horizontal, l'autre vertical, les projections des lignes qui limitent les surfaces qui enveloppent ce solide. Pour se faire une idée de ces deux plans de projection, on pourra facilement se les représenter par une feuille de carton pliée en deux, et dont la surface, fig. 16 et 18, brisée à l'endroit du pli figuré par la ligne R S, présentera alors deux surfaces distinctes qui, suivant ce qui a été dit plus haut, devront se couper à angles droits, et qu'il sera cependant facile de réunir de nouveau en une seule et même surface, en rabattant de niveau ladite feuille de carton.

Maintenant, pour obtenir les dimensions du prisme en question, il nous suffira d'avoir, sur les plans représentés par la feuille de carton, les projections horizontales et verticales de ce prisme suspendu dans l'espace, placé de manière à ce que sa base H I K, fig. 3, soit parallèle au plan horizontal de notre carton, que nous supposerons être, fig. 16 et 18, assez grand pour recevoir les projections du prisme de la fig. 3. (Les projections marquées sur les fig. 16 et 18 paraîtront celles d'une figure plus grande que celles de là fig. 3; mais nous admettrons, pour la démonstration, que ce sont celles de la fig. 5.) Puis de chacun des angles E, F, G, H, I, K, produits par la rencontre des arêtes de cette figure suspendue dans l'espace, on abaissera des perpendiculaires sur les plans horizontal et vertical de la feuille de carton, fig. 16 et 18, et ces perpendiculaires donneront les points a, b, c, e, f, g, h, i, k, qui détermineront ceux par lesquels devront passer les projections du prisme suspendu.

Maintenant, si l'on rabat le plan vertical du carton au niveau de l'horizontal, on s'apercevra que les perpendiculaires abaissées des points E, F, G, H, I, K sur le plan horizontal de projection se confondent avec les projections eh, if, kg, du plan vertical, et qu'en conséquence, puisque ces lignes sont les mêmes, on pourrait opérer sur la feuille de carton plane sans être obligé de la briser d'équerre en R S, méthode adoptée pour tracer les épures.

Lorsque les lignes qui limitent un corps ne sont point dans une situation parallèle à l'un des plans de projection, leurs projections sont plus courtes que leurs grandeurs véritables; alors on est obligé, pour avoir leur développement, de les projeter sur un plan auxiliaire. J'en donnerai un exemple. La projection horizontale d'un solide s'appelle son plan, et sa projection verticale, son élévation.

### Développement de la surface des principaux solides.

Pour avoir le développement du prisme droit triangulaire, il faut d'abord tracer son plan, fig. 18, son élévation, fig. 16, et prolonger sur son élévation la ligne de la base inférieure et celle de la base supérieure, mener b t parallèle à kg, prendre au compas sur le plan de ce prisme, fig. 18, les lignes b a, a c, c b, et les porter sur la ligne b b, c'est-à-dire b a égale à b a du plan, a c et c b de même, et des points a, c, b, mener des parallèles à b t.

La fig. 19 indique suffisamment le développement du prisme quadrangulaire oblique.

Pour avoir le développement de la surface de la pyramide quadrangulaire oblique, fig. 20, dont A est le plan, et B l'élévation, on remarquera d'abord que les lignes g o, k o, du plan A, n'étant pas parallèles aux plans de projection, leurs projections ne donneront par leur grandeur réelle; pour l'avoir, il faudra d'abord joindre le point m avec le point o par la ligne m o, mener c d parallèle à g k, et prolonger c d jusqu'à ce qu'elle rencontre m o en x, ensuite du point x faire x f égale à k o, et x e égale à o g; vous tirez ensuite e m, qui sera la longueur véritable de c m, et f m qui sera celle de d m.

Ceci connu, pour tracer le développement de la pyramide A, vous tracerez, fig. 21, la droite e f indéfiniment, vous porterez sur cette droite e f égal à g k du plan A de la fig. 20. Vous prendrez une ouverture de compas e m de la fig. 20, avec laquelle, du point e de la fig. 21, vous trouverez un arc de cercle indéfini, et du point f de la même figure avec une ouverture de compas égale à f m de la fig. 20, vous tracerez un autre arc de cercle qui coupera la première en m. Vous tirerez, fig. 21, e m, f m, et du point m avec m e pour rayon, vous tracerez l'arc indéfini e n g; ensuite du même point m, avec m f pour rayon, vous tracerez le petit arc indéfini f p, vous porterez sur cet arc, à partir du point f, f p égal à k p de la fig. 20, et vous tirerez m p. Vous prendrez encore une ouverture de compas égale à m e, et du point m vous décrirez un petit arc de cercle qui coupera l'arc e n g au point n, et vous mènerez les droites m n, p n; il ne restera plus qu'à porter du point n de l'arc e n g, n g de la fig. 21 égal à n g du plan A de la fig. 20, et vous aurez le développement cherché.

Pour développer la surface du cylindre droit, après avoir tracé le plan du cylindre, fig. 23, et son élévation, fig. 22, vous tirerez les deux lignes de développement a b, c d, perpendiculaires au côté du cylindre, et la ligne verticale a c parallèle à ce même côté. Ensuite, fig. 23, vous diviserez le cercle de la base de ce cylindre en autant de parties égales que vous voudrez, e, f, g, h, i, j, k, en douze, par exemple; vous porterez chacune de ces douze parties sur la ligne de développement c d; de chacun des points k, j, i, h, g, f, e, vous mènerez des parallèles à ca; ces parallèles vous détermineront la surface convexe du cylindre, qui sera complétée par la surface des deux cercles, bases de ce cylindre placées à côté de ce développement.

Pour développer la surface du cylindre oblique, tracez comme précédemment le plan, fig. 26, et l'élévation, fig. 25. Divisez ensuite la circonférence du plan en autant de parties égales que vous voudrez, soit en douze parties, comme dans le présent exemple ; de chaque point de division de ces parties, abaissez des perpendiculaires sur a b, fig. 25, et de chaque point de rencontre de ces perpendiculaires avec la ligne a b menez des parallèles à d b jusqu'à la rencontre de c d, et à chacun de ces points de rencontre sur a b et c d élevez sur ces parallèles des perpendiculaires ponctuées indéfinies, comme du reste l'indique la figure ; menez e f égale et parallèle à a c, et au point h, milieu de e f, élevez la perpendiculaire g h, sur laquelle vous porterez douze divisions égales chacune à celle du plan ; fig. 26, et par chacun des points de ces douze divisions vous mènerez des parallèles égales à e f, mais de manière que, e f étant limité haut et bas par les premières perpendiculaires sur ca indiquées en lignes ponctuées, i k le soit par les secondes, et ainsi de suite ; alors en faisant passer en haut du développement une courbe par les points e, i, etc., et en bas de même une autre courbe par les points f, k, etc., ces courbes détermineront les sinuosités du développement de la surface convexe du cylindre oblique.

Pour développer la surface du cône oblique, vous indiquerez le plan, fig. 28, l'élévation, fig. 27, vous diviserez le plan en autant de parties égales que vous voudrez ; de chaque point de division de chacune de ces parties, sur la circonférence du plan, vous abaisserez des perpendiculaires sur la base de l'élévation, et avec une ouverture de compas égale à la distance qui sépare le point a de chaque point de division de la base de l'élévation, vous décrirez du point a des arcs de cercle jusqu'à la rencontre de a g, et de chacun des points que donnera la rencontre des arcs avec a g vous élèverez des perpendiculaires indéfinies sur a g, et du pied de la perpendiculaire c avec une ouverture de compas égale à la longueur de la ligne ponctuée c, fig. 28, qui commence à la circonférence, et qui se termine au diamètre de la circonférence du plan, vous décrirez du pied de la perpendiculaire c, fig. 27, un petit arc qui coupera cette perpendiculaire c, et qui déterminera sa longueur égale à celle de la ligne c du plan ; vous opérerez de même pour d, e, f, k, et en prenant tour à tour pour rayon les lignes a b, a c, a d, a e, a f, a k, a g, vous aurez tous les rayons indispensables pour, du point n de la fig. 29, tracer les courbes nécessaires au développement de la surface convexe du cône oblique. Vous prendrez u p égal à a g, et vous décrirez le premier grand arc ponctué indéfini sur lequel vous porterez les douze divisions de la circonférence du plan, fig. 28, et à la dernière division vous tracerez n q ; ensuite du point n, fig. 29, avec le dernier rayon égal à a k de la fig. 27, vous tracerez le deuxième arc, et de même pour les autres. Des points de division du grand arc, vous tirerez des lignes droites au point n, et chaque intersection de ces lignes avec les courbes ponctuées vous fixera la longueur de ces droites comme pour le développement du cône oblique.

Pour développer le cône droit, vous tracerez son plan, son élévation, diviserez son plan en parties égales, fig. 30. Vous décrirez ensuite, avec un rayon égal à l'un des côtés de son élévation, un arc de cercle indéfini, fig. 31, sur lequel vous porterez toutes les divisions de son plan ; vous joindrez tous les points de division de cet arc avec le centre du rayon, et vous aurez le développement cherché.

Pour avoir le développement de la surface d'une sphère par zones parallèles, il faut : 1° Savoir que tout cercle qui a pour centre celui de la sphère est un des grands cercles de cette sphère.

2° Diviser, pl. III, fig. 1, un demi grand cercle a e g l n m h f b de cette sphère en autant de parties égales qu'on veut avoir de zones parallèles, en huit, par exemple ; alors on considérera chacune de ces zones comme un cône droit tronqué ; tels seront a d b, e i f, g k h, dont la partie supérieure e d f pour le cône a d b, g i h pour le cône e i f, l k m pour le cône g k h, etc., aura été tronquée. Du point c, faites passer par le centre de la sphère la ligne e d, qui se terminera au sommet d du cône a d b, et qui en sera l'arc.

De ce point d, prenez une ouverture de compas égale à d b et tracez l'arc indéfini o p. Du même point d, avec une ouverture de compas égale à d f, décrivez l'arc indéfini q r, tirez ensuite d s à volonté, et de chaque côté du point s portez quatre parties égales à b f, et du point s comme centre, avec une ouverture de compas égale à s o, tracez l'arc o q r p. Vous prendrez ensuite une ouverture de compas égale à i f, vous porterez cette ouverture de u en t, et du point t, comme centre, vous tracerez l'arc v x ; vous prendrez ensuite une ouverture de compas semblable à i h et vous tracerez l'arc y z ; vous opérerez de la même manière pour les deux zones qui restent, et vous aurez le développement cherché.

### Diverses coupes de solides.

Lorsque la coupe d'un cylindre droit est faite parallèlement à sa base, le résultat de cette coupe est un cercle qui a le même diamètre que celui de la base. Si la coupe du cylindre est faite obliquement à sa base, son résultat donnera une ellipse fig. 2.

Si la coupe oblique du cylindre est faite par une ligne courbe, la surface de cette coupe aura la forme convexe d'un ellipsoïde.

Pour tracer la moitié de la surface que produit la coupe oblique du cylindre, fig. 2, vous tracerez d'abord le plan de ce cylindre et au-dessus son élévation ; puis, suivant l'inclinaison que vous voudrez donner à cette coupe, vous tracerez la ligne cd, vous diviserez ensuite la circonférence du cercle a b en autant de parties égales que bon vous semblera, et de chaque point de division vous élèverez les perpendiculaires a c, e f, etc., prolongées jusqu'à la rencontre de cd, et des points de rencontre avec la ligne cd vous élèverez des perpendiculaires sur cd; vous prendrez ensuite sur a b la distance du point e au point h et la porterez de f en g, et ainsi de suite pour les autres lignes; vous aurez alors les points déterminés par lesquels devra passer la courbe de la demi-ellipse ou moitié de la surface de la coupe.

Maintenant pour obtenir, fig. 3, le développement de la surface convexe du cylindre précédent coupé suivant la ligne de la fig. 2, vous opérerez comme pour le développement du cylindre droit, pl. II, fig. 24; le tracé de la fig. 3 en fait suffisamment comprendre l'opération.

Pour obtenir la figure produite par la coupe oblique d'un cylindre par une ligne courbe, il faut : 1° Tracer le plan, l'élévation du cylindre et la forme de la courbe qui doit opérer sa coupe, fig. 4, et opérer du reste comme pour le cas précédent. Mais si vous voulez obtenir le développement de la surface de cette coupe, il faudra, fig. 5, tirer une ligne indéfinie a b, et porter sur cette ligne toutes les divisions marquées sur la courbe cde de la fig. 4, et par chacun des points de division de la ligne a b, fig. 5, mener des perpendiculaires indéfinies sur lesquelles on portera de chaque côté de la ligne a b les lignes correspondantes marquées de chaque côté de la ligne ce de la fig. 4; ces distances fixeront les joints par lesquels devra passer la courbe elliptique du développement en question.

Le développement, fig. 6, du cône coupé obliquement par la courbe cde, fig. 4, se trace par la même méthode que précédemment.

La coupe faite en partant d'un des côtés d'un cône, et parallèlement à l'axe de ce cône, donne une surface appelée *hyperbole.*

Pour obtenir cette surface, fig. 7, après avoir tracé le plan et l'élévation du cône, vous indiquerez la ligne a b suivant laquelle la coupe doit être faite; vous diviserez ensuite cb en un certain nombre de parties, et de chaque point de division de cette ligne vous abaisserez des perpendiculaires sur le diamètre de la base du plan, et du point de centre de cette base vous tracerez, à partir de chaque point de division marqué sur d e, des arcs de cercle qui couperont f b en certains points; puis, à partir des points de division sur c b, vous mènerez indéfiniment des perpendiculaires à a b, et vous tirerez de chaque à a b, à la distance que vous jugerez convenable. De chaque côté du point m, sur la ligne s t, vous porterez m s, m t égales à f h, et de chaque côté du point o, sur la ligne v x, vous porterez encore o v et o x égales à f n, et vous continuerez ainsi jusqu'à ce que ladite figure soit complétée par ladite opération qui vous donnera des points par lesquels vous ferez passer la courbe déterminant la surface cherchée.

Lorsqu'un cône est coupé parallèlement à l'une des lignes droites qui composent son enveloppe convexe, et qui, par conséquent, joignent son sommet avec sa base, la surface qui résulte de cette coupe s'appelle *parabole.*

Pour obtenir cette coupe, il faut tracer le plan du cône et son élévation, fig. 8; indiquer la ligne cd suivant laquelle la coupe doit avoir lieu; fixer un certain nombre de points sur cette ligne cd; tirer de chacun de ces points des lignes parallèles à la base ce jusqu'à la rencontre de ed, et de chaque point où ces parallèles coupent ed abaisser des perpendiculaires sur le diamètre f g du plan, et des points fixés sur cd abaisser aussi des perpendiculaires sur le même diamètre, mais en les prolongeant indéfiniment au delà de ce diamètre. Ensuite du centre du plan du cône on décrira des arcs de cercle de chaque point où les perpendiculaires abaissées de d rencontrent le diamètre f g de ce plan, de manière à ce que ces arcs coupent de chaque côté du diamètre les perpendiculaires abaissées de c d, et qui sont correspondantes à ces arcs, et l'on fera passer une courbe par tous les points désignés par la rencontre desdits arcs et desdites perpendiculaires. Puis l'on tracera à une distance volontaire la ligne h i parallèle à a b, et des points fixés sur cd on mènera des perpendiculaires indéfinies à cd, de manière à ce que ces perpendiculaires coupent h i. De chaque côté de h, on portera sur o p la moitié de k l, et sur q r la moitié de m n, et ainsi de suite sur toute l'étendue de la figure. Après cette opération, on fera passer une courbe par tous les points obtenus, et cette courbe déterminera la surface cherchée.

La coupe faite par un plan partant d'un des côtés d'un cône pour aller rejoindre l'autre côté donne une ellipse, fig. 9.

L'opération étant la même que pour tracer la parabole, je n'en donnerai pas la description.

### Pénétration des solides appelés les trois corps ronds : la Sphère, le Cylindre et le Cône.

Pour embrasser tous les détails graphiques de la pénétration de la sphère dans le cylindre, fig. 10, je commencerai par tracer les plans du cylindre et de la sphère pénétrant dans ledit cylindre, ainsi que leur élévation géométrale A. Ensuite je diviserai en un certain nombre de parties la portion de la circonférence du cercle de la sphère qui pénètre dans le cylindre en élévation A. De ces points de division, j'abaisserai des perpendiculaires sur le diamètre e f du plan du cylindre, et encore de ces mêmes points de division je mènerai indéfiniment des perpendiculaires à la ligne des centres o p. Du centre o, je tracerai des arcs de cercle à partir des points marqués, sur le diamètre e f, par les perpendiculaires abaissées sur ce diamètre, de manière à ce que ces arcs rencontrent le cercle de la circonférence du plan du cylindre, et de ces points de rencontre j'élèverai des perpendiculaires sur e f, qui à leur tour, par leurs sections avec les perpendiculaires à o p, fixeront les points de passage de la courbe m n p.

Pour tracer sur le cylindre la courbe entière produite par la pénétration de la sphère, il faut placer le cylindre en élévation au-dessus de son plan, porter la distance yz égale à t m, porter sur z u toutes les divisions indiquées sur m r. Par chacune de ces divisions sur z u mener des parallèles à v x, et, à chaque point où les arcs de cercle de la circonférence du plan de la sphère rencontrent la circonférence du plan du cylindre, élever indéfiniment des perpendiculaires à v x, jusqu'à la rencontre des parallèles menées à cette dernière sur l'élévation du cylindre. Les intersections de ces lignes détermineront les points de passage de la courbe produite sur le cylindre par la pénétration de la sphère dans le cylindre.

Pour avoir le développement de l'ouverture faite par la pénétration de la sphère dans le cylindre, il faut d'abord, fig. 11, faire le développement de la surface convexe du cylindre comme le procédé en est indiqué, pl. II, fig. 24, ensuite tirer la ligne d'axe n q et celle du milieu c d dudit développement; les perpendiculaires menées sur o p et prolongées suffisamment donneront sur le développement la largeur de l'ouverture ; pour avoir sa hauteur, il ne restera plus qu'à porter de c en d toutes les divisions qui existent sur le cercle du plan du cylindre de i en f, et de mener par les divisions obtenues ainsi sur c d des parallèles à o p. Ces parallèles, par leurs intersections avec les premières perpendiculaires, désigneront les points par lesquels devra passer la courbe qu'on veut décrire.

Pour obtenir la pénétration d'une sphère dans un cône, on tracera d'abord, fig. 12, le plan du cône, en indiquant en même temps par des lignes ponctuées celui de la sphère pénétrant dans le cône. On fera ensuite l'élévation de ce cône et celle de la sphère pénétrante. On tirera ensuite la ligne A B, qui devra passer par les centres des plans du cône et de la sphère, et celle (2, 2) qui passera horizontalement par le centre de l'élévation de la sphère, et qui par conséquent sera parallèle à la base de l'élévation du cône.

A partir du point où la ligne 2, 2 coupe la portion de circonférence de la sphère qui pénètre dans le cône, et de chaque côté de ce point, on fixera des divisions à volonté sur cette dite portion de circonférence, et, de chacun de ces points de division, on mènera à la ligne 2, 2 les parallèles (1, 1), (3, 3), (4, 4), (5, 5) prolongées indéfiniment, et de chaque point où ces lignes couperont le côté de l'élévation du cône et la portion de circonférence non pénétrante de l'élévation de la sphère, on abaissera des perpendiculaires sur A B, et des points que ces perpendiculaires détermineront sur A B on tracera des cercles concentriques, tant à celui du plan du cône qu'à celui du plan de la sphère, et les diverses intersections des cercles respectifs de ces deux plans détermineront les points de passage de la courbe de pénétration de la sphère dans le plan du cône, comme l'indiquent les chiffres qui désignent la correspondance des diverses lignes d'opération entre elles.

Pour obtenir la portion de courbe produite sur l'élévation C du cône par la pénétration de la sphère, il ne restera plus qu'à élever des perpendiculaires sur A B à partir de chaque point d'intersection des cercles concentriques des deux plans. Ces perpendiculaires, à leur tour, couperont les horizontales correspondantes 1, 2, 3, 4, 5, et détermineront les points de la courbe de pénétration dans l'élévation du cône.

Pour obtenir la courbe entière produite sur l'élévation B du cône par la pénétration de la sphère, le tracé graphique de la figure en apprend plus que tous les détails que je pourrais donner.

Pour obtenir la pénétration du cylindre dans un cône, on dessinera, fig. 13, les plans du cône et du cylindre ; on tracera ensuite leur élévation ; et pour obtenir en élévation la portion de courbe engendrée par la pénétration du cylindre dans le cône, on tirera, à partir du point a, base du cylindre entré dans le cône, une parallèle a d à sa base, et à partir du point b, point où le cylindre sort du cône, on divisera le côté b d du cône en un certain nombre de parties égales ou non égales, et de chacun des points de division on mènera des parallèles à a d, et l'on abaissera des perpendiculaires sur le diamètre du plan du cône. On tracera ensuite, à partir du point de centre de la circonférence du plan, des portions de cercle concentriques à cette circonférence, jusqu'à ce que ces portions de cercle rencontrent la circonférence du plan du cylindre, et de ces points de rencontre on élèvera des perpendiculaires sur le diamètre c e, on prolongera ces perpendiculaires jusqu'à ce qu'elles coupent les parallèles à a d ; ces points d'intersection détermineront le passage de la courbe résultant de la pénétration de l'élévation du cylindre dans celle du cône.

Le tracé graphique de la figure du cylindre, du côté de la pénétration, se comprendra, je pense, sans qu'il soit nécessaire d'en donner l'explication.

Quant au tracé de la figure du cône du côté de la pénétration, fig. 14, comme il est tout semblable au précédent, je n'en ferai pas autrement mention.

### Assemblages.

On appelle assemblage l'union et la jonction de deux ou de plusieurs pièces de bois. La réunion de ces pièces de bois entre elles s'effectue par l'introduction des unes dans les autres au moyen de tenons et mortaises dont la forme varie suivant la position qu'occupent ces pièces de bois. Je vais donner la description des assemblages les plus généralement employés.

*Assemblage à paume grasse*, pl. IV, fig. 1 : c'est la partie du bout d'un chevron coupée en biais et que l'on pose sur une autre pièce de bois entaillée de même. (Les deux figures placées au-dessous de celles qui indiquent la paume grasse et l'entaille sont les mêmes figures, seulement elles sont vues de face.) Il en sera de même pour les autres figures jusqu'à la fig. 8 inclusivement.

*L'assemblage à tenon et à mortaise ordinaire*, fig. 2, s'applique aux solives et autres petites pièces de bois qu'on emploie dans les planchers-cloisons, pans de bois, etc. Le tenon, ou partie en saillie du bout de la pièce de bois, doit avoir pour épaisseur le tiers de celle de la pièce de bois sur laquelle il est tracé, et pour longueur, les deux tiers ou les trois quarts au plus de l'épaisseur de la pièce de bois dans laquelle ce tenon doit entrer, et dans laquelle, par conséquent, doit être taillée la mortaise qui doit recevoir ce tenon.

*Assemblage à mors d'âne et son entaille*, fig. 3 : c'est la partie du bout d'une solive ou d'un chevron coupée en chanfrein avec une espèce de renfort, et qui se pose ordinairement sur un coyer pour la solive, ou sur un arêtier ou une noue pour le chevron.

*L'assemblage à tenon et mortaise à mors d'âne*, fig. 4, est celui dont le tenon porte une espèce de renfort en forme de mors d'âne et que l'on fait au bout d'une solive.

*Assemblage à paume et à repos, et son entaille*, fig. 5 : on en fait usage pour revêtir en sous-œuvre un chevêtre sur une solive.

*Assemblage à doubles tenons et à doubles mortaises*, fig. 6 : on s'en sert pour rendre les assemblages plus forts et empêcher les pièces de bois de déverser.

*Assemblage à tenon et mortaise avec renfort*, fig. 7 : on en fait usage pour les fortes pièces, telles que pour les chevêtres et les linçoirs dans un plancher, et pour les pannes, les entraits, etc., dans un comble.

*Assemblage à tenon, à chaperon ou à barbe*, fig. 8 : il s'emploie lorsqu'on rencontre une flache à l'endroit de la pièce où doit se trouver la mortaise.

*Assemblage à tenon et mortaise avec épaulement*, fig. 9 : l'épaulement est la diminution faite à la largeur d'un tenon qui ordinairement doit avoir la même largeur que la pièce de bois à laquelle il est adhérent.

*Assemblage à queue-d'aronde ordinaire*, fig. 10 : c'est celui qui se pratique au moyen d'entailles et qui sert à assembler des plates-formes.

*Assemblage par entaille à moitié bois*, fig. 11 : on en fait usage pour les croix de Saint-André, etc.

*Assemblage par entaille à moitié bois bout à bout*, fig.  : on l'emploie pour réunir en un seul et même morceau deux pièces de bois, telles que sablières, etc. ; mais on doit fortement cheviller cet assemblage et l'armer de bandes de fer.

Indépendamment de cet assemblage, il existe encore d'autres modes d'assembler les pièces de bois et que l'on nomme embrévements. Ces assemblages entrent souvent de toute la largeur de leur bout dans d'autres pièces; ils diffèrent aussi quelquefois des autres en ce que leur tenon est accompagné d'épaulements de différentes coupes, lesquels épaulements exigent, suivant la nature de leurs formes, des entailles diverses faites à la mortaise : ce sont ces entailles qui prennent le nom d'embrévements.

Les tenons et les mortaises des pièces de bois qui s'assemblent obliquement se taillent par le même procédé que celui des pièces qui se rencontrent à angle droit, si ce n'est cependant qu'on doit observer de les tracer en fausse coupe, c'est-à-dire suivant l'inclinaison de l'angle que doit former la rencontre de ces pièces de bois.

*Embrévements simples*, fig. 13 et 14, ou entailles faites de deux pièces de bois pour recevoir les abouts de deux autres pièces.

Embrévement à doubles tenons et renforts, fig. 15.

Embrévement à tenons et renforts, fig. 16.

Ces embrévements s'emploient pour réunir des sablières à un poteau, une contre-fiche à un poinçon, un arbalétrier à un entrait, etc.

La fig. 17 est une noue recreusée vue en about ou par son extrémité; la figure au-dessous est la même vue de profil.

La fig. 18 est un arêtier ou un faîtage délardé ou coupé en chanfrein sur les deux arêtes, et vu en about. La figure à côté est la même vue de profil.

La fig. 19 représente l'assemblage à queue d'aronde d'un entrait dans une sablière à laquelle il sert de tirant; A est la sablière contenant l'entaille de la queue d'aronde, et B l'entrait à queue d'aronde qui s'assemble dans cette sablière.

La fig. 20 est une décharge qui reçoit l'assemblage de la tournisse D, et qui porte, à chaque bout, un tenon en fausse coupe, c'est-à-dire un assemblage qui n'est fait ni à l'équerre, ni à onglet ou à 45 degrés, mais qui est tracé à la fausse équerre. Il faut aussi remarquer que les tenons et les épaulements des décharges et des autres pièces inclinées doivent être taillés d'équerre du côté où leur ligne de fausse coupe forme un angle aigu avec l'arête de cette pièce de bois, ainsi que l'indiquent les tenons de la fig. 20.

La fig. C est celle de la décharge vue de profil.

La fig. D est une tournisse portant tenon carré d'un bout, et tenon en about où en fausse coupe de l'autre pour être assemblé en revêtissement.

La fig. E est celle de la tournisse vue de profil.

Pour les pièces de bois placées horizontalement, il existe encore plusieurs modes d'assemblages appelés assem-blages à trait de Jupiter. Cet assemblage a lieu pour composer un entrait de plusieurs pièces, lorsqu'on ne peut rencontrer de pièces de bois assez longues. Il se fait par entailles à angles saillants et rentrants, et l'on se sert d'une clef pour le serrer. Les fig. 21 et 22 sont les plans de deux assemblages à trait de Jupiter. Les deux figures placées sous chacune de celles 21 et 22 sont la réunion de deux pièces de bois assemblées à trait de Jupiter et vue de profil: g et h sont les deux clefs qui servent à serrer les assemblages, et à faire joindre les pièces; i et k indiquent deux tenons.

## BOIS.

Les bois le plus généralement employés dans la charpente sont les bois de chêne et de sapin.

On appelle bois de brin, pl. V, fig. 41, la pièce de bois équarrie et formée de la grosseur totale d'un arbre;

Bois en grume, celui qui n'est point équarri et dont les branches seules ont été coupées;

Bois de sciage, celui débité et refendu à la scie pour en faire des chevrons, solives, madriers, planches, etc., comme l'indique la fig. 42.

La fig. 43 indique la croissance annuelle d'un arbre; chaque courbe presque parallèle à la circonférence de l'arbre équivaut à une année d'existence de cet arbre.

## OUTILS.

La pl. V renferme les principaux outils employés dans la charpente.

La fig. 1 est une bisaiguë. Cet outil est entièrement en fer, et sert à dresser les bois lorsqu'ils ont été refaits à la coignée, ainsi qu'à faire les tenons et les mortaises. Il porte à l'une de ses extrémités le tranchant d'un ciseau ordinaire, et à l'autre un bec-d'âne. Au milieu de cet outil est une douille qui sert à le tenir. La fig. 2 est une grosse tarière ou boulonnière. Cet outil sert à percer les trous des boulons pour les limons d'escalier, les poutres armées, etc. La fig. 3 a la forme d'une cheville en fer, mais elle se nomme traceret et sert à tracer sur les bois les détails des assemblages. La fig. 4 est un ciseau à panne, le manche est en bois; cet outil sert pour dresser les tenons et les mortaises. La fig. 5 est un ciseau à gouge, le manche est en bois; cet outil sert à pousser les moulures à la main, et entre autres à préparer la partie qui doit recevoir les moulures des marches dans les limons d'escalier. La fig. 6 est un cognée ou grande hache dont le tranchant est plat avec un long manche en bois; cet outil sert à équarrir et dresser le bois; il y en a de différentes dimensions. La fig. 7 est un compas à épures pour tracer les opérations graphiques nécessaires au tracé des diverses coupes des bois. La fig. 8 est un compas de poche; il est en fer et sert à tracer les lignes de coupe du bois pour les assemblages. La fig. 9 est une bobine autour de laquelle se roule le cordeau qui sert au tracé des épures. La fig. 10 est un crochet d'assemblage servant provisoirement au maintien de deux pièces que l'on veut assembler. La fig. 11 est un ébauchoir tout en fer portant un ciseau ordinaire à son extrémité; il sert à ébaucher les mortaises, les embrèvements et à couper des solives et chevrons. La fig. 12 est un ébauchoir; il est tout en fer. La fig. 13 est une doloire ou épaule de mouton, sorte de grande et large hache qui sert à planer les faces des bois équarris à la cognée. La fig. 14 est une équerre à anglets pour tracer les joints qu'il faut couper diagonalement suivant l'angle de 45 degrés (ancienne mesure). La fig. 15 est une équerre pour tracer les angles droits. La fig. 16 est une équerre d'assemblage ou à épaulement pour tracer des perpendiculaires. La fig. 17 est une fausse équerre; une de ses branches est repliée dans l'autre au moyen d'une espèce de charnière. Cet outil sert à relever des angles qui ne sont pas droits. La fig. 18 est une galère ou demi-varlope; c'est une espèce de rabot qui s'emploie pour dégrossir le bois lorsqu'il a été dressé par la cognée. La fig. 19 est une herminette, outil courbe, tranchant de deux côtés, ou tranchant d'un côté avec un marteau de l'autre, ou en fer tranchant d'un côté avec une gouge de l'autre côté; il a un long manche en bois et sert à planer les parties courbes d'un limon d'escalier ou autres pièces. La fig. 20 est une jauge ou petite règle de poche de 33 centimètres de long, dont les charpentiers se servent pour tracer les tenons, les mortaises, ainsi que différentes coupes. La fig. 21 est un lasseret ou petite tarière, qui sert à ébaucher les mortaises et à percer les trous de chevilles. La fig. 22 est un maillet ou une mailloche qui, suivant sa dimension, sert à frapper sur les ciseaux à panne ou à gouge, ou à frapper sur le bout des pièces pour les assembler. La fig. 23 est un marteau dont l'extrémité la plus mince est fendue dans le milieu; il sert à enfoncer les clous et les chevilles de fer et le côté fendu sert à arracher les clous. La fig. 24 est un plomb de charpentier suspendu à un fil pour poser les pièces de bois verticalement. La fig. 25 est un niveau; cet outil sert à s'assurer si une pièce de bois est placée horizontalement. La fig. 26 est un niveau de pente; la base a b détermine l'inclinaison. La fig. 27 est un niveau de maçon employé de même par les charpentiers pour s'assurer qu'une pièce de bois est placée horizontalement. La fig. 28 est un niveau de dessous pour s'assurer si le dessous d'une pièce de bois est bien horizontalement posée: la partie c d s'applique dessous ladite pièce. La fig. 29 est une pince en fer qui sert de levier pour soulever une pièce quelconque de bois. La fig. 30 est un rabot qui sert à finir les marches et les limons des escaliers, les lucarnes, enfin pour replanir tous les ouvrages qui exigent du fini. Les fig. 31 et 32 indiquent deux rainettes de formes différentes, mais appropriées au même usage; toutes deux sont en fer plat, mais l'une, fig. 31, a ses deux extrémités recourbées et deux petites fentes dans son milieu ; l'autre a une de ses extrémités recourbée pour tracer des traits sur le bois et une extrémité terminée par un cercle percé de plusieurs petites fentes pour donner de la voie aux scies. La fig. 33 est un passe-partout ; on en fait usage pour couper les grosses pièces de bois en travers et les arbres en grume ; elle sert aussi dans certains endroits où l'on ne pourrait pas passer une scie avec sa monture. La fig. 34 est une scie de scieur de long ; cette scie est généralement conduite par deux hommes ; elle sert à diviser les gros morceaux de bois pour en faire des poteaux, des chevrons, des solives ou autres ouvrages. La fig. 35 est une scie à refendre propre au même usage que la précédente, mais d'une moindre dimension.

La fig. 36 est une scie à main ; on s'en sert pour scier le bois en travers. La fig. 37 est un trusquin, outil servant à tracer sur le bois des lignes parallèles à des arêtes de pièces de bois dressées. La fig. 38 est une chèvre à treuil, mise en mouvement par deux barres de bois conduites par des hommes ; autour de ce treuil s'enroule un cordage. La fig. 39 est une règle de charpentier de 2 mètres ; elle sert à tracer ou à mesurer. La fig. 40 est une chèvre semblable à la précédente, mais qui fonctionne par le moyen d'un engrenage mu par une manivelle. Ces deux machines servent également à élever les fardeaux, tels que pièces de bois, pierres, etc.

Les fig. 1 et 2, pl. VI, sont deux espèces d'assemblages dont on se sert pour enter les poteaux ou autres pièces de bois placées verticalement, telles que poteaux, cormiers, etc.

La fig. 1 est un assemblage à double enfourchement, composé d'une mortaise et d'un tenon sur chacune des faces du poteau, comme l'indique son plan.

La fig. 2 est un assemblage à enfourchement simple.

La fig. 3 représente la moitié d'un poitrail ou d'une poutre armée vue à l'intérieur avec son âme A qui y est rapportée par embrévement. Les petits cercles indiquent les boulons qui servent à lier les deux parties avec l'âme.

La fig. 4 présente les deux parties de la poutre réunies et vues en coupe ou par le bout : B est l'âme, C est le boulon. La grande échelle est celle des fig. 1, 2, 3, 4.

Les fig. 5 et 7 représentent deux plans de planchers sans poutres. La fig. 5 est un plancher irrégulier. La fig. 7 renferme deux planchers réguliers, dont l'un s'appuie sur deux murs et un pan de bois, et l'autre sur trois murs. Je vais indiquer le nom de chacune des pièces de bois qui les composent, le rôle qu'elles jouent dans l'ensemble du plancher : d, solives d'enchevêtrure, ce sont celles qui reçoivent les chevêtres ; e, linçoirs, ce sont les pièces de bois dans lesquelles on assemble les solives d'un plancher, au-dessus de la baie d'une porte ou d'une croisée pour en décharger le linteau ; ce sont aussi des pièces de bois placées devant le passage des cheminées ; f, chevêtre, forte solive ou pièce de bois scellée de chaque bout dans les murs ; g, passage du tuyau de cheminée ; il faut que les pièces de bois placées devant et à côté de ces conduits de cheminées en soient isolées au moins de 8 à 10 centimètres ; h, solive d'enchevêtrure boiteuse ou solive assemblée d'un bout dans un chevêtre, et de l'autre scellée dans un mur ; i, chevêtres, ce sont des traverses dans lesquelles s'assemblent les chevilles d'enchevêtrure boiteuse, qui sont des solives moins longues que les autres pour laisser vide la place qu'occupe une cheminée ; k, solives et soliveaux de remplissage ; m, faux chevêtre, chevêtre qui se place derrière un autre pour remplir le vide entre le mur et ce dernier ; o, bande de trémie en fer ou morceau de fer pour supporter la maçonnerie de l'aire de l'âtre d'une cheminée ; p, maçonnerie formant l'aire de l'âtre d'une cheminée, autrement dite bande de trémie. Les solives d'enchevêtrure ou les linçoirs, placés pour établir le vide nécessaire à la maçonnerie de la bande de trémie, doivent être éloignés au moins de 1 mètre du mur où doit s'accoler le tuyau de cheminée ; q, grosse solive, f vue de face ; r, linçoir vu de face ; s, solive d'enchevêtrure boiteuse vue de face ; t, plan du pan de bois ou de la sablière qui porte les solives.

Les planchers simples doivent avoir 32 centimètres d'épaisseur tout carrelés ou tout parquetés et 5ᵐ,90 de portée au plus. On donne aux solives d'un plancher un vingt-quatrième de leur portée pour hauteur. Quand les solives ont une grande portée, on laisse pour vide la même épaisseur que celle de la solive, et, quand la portée des solives ne dépasse pas 5ᵐ,50, on peut donner au vide qui sépare ces solives un tiers de plus que leur épaisseur. Toutes ces solives se posent de champ. Les parties hachées indiquent les murs qui soutiennent ce plancher.

La planche VII renferme deux planchers, dont l'un, fig. 1, est un plancher sans poutre. Les noms des diverses pièces de bois qui le composent sont : a, chevêtre ; b, chevêtre portant une solive boiteuse ; c, linçoir ou chevêtre ; d, faux chevêtre ; e, solive d'enchevêtrure boiteuse ; f, solive d'enchevêtrure ; h, solive ; k, solive et soliveau de remplissage. La fig. 2 est un plancher à poutre apparente. Les noms des pièces de ce plancher sont représentés par les mêmes lettres que celles du plancher fig. 1 ; o, poutres. La fig. 3 indique la coupe des poutres ou les poutres vues par le bout, ainsi que les solives posées sur elles et vues de champ ou sur leur épaisseur et dans toute leur longueur. Lorsque les planchers ont plus de 5 ou 6 mètres de long, on emploie des poutres qui sont des pièces de bois d'une forte dimension et sur lesquelles on pose des solives, comme dans l'exemple de la fig. 2. On les place ordinairement à 3 ou 4 mètres de distance les unes des autres, et chaque espace de l'une à l'autre, qu'on remplit de solives, s'appelle travée. On scelle les poutres dans les murs à une profondeur de 25 centimètres au moins ; on les y fixe par des ancres ou ferrements qui se placent au bout de ces poutres, et qui s'agrafent sur les surfaces des murs pour empêcher ces pièces de bois de bouger. Les solives s'assemblent dans les poutres, soit en faisant une entaille à mi-bois dans la solive et dans la poutre, soit en faisant une entaille dans les poutres pour chaque solive. La pl. VIII donne deux exemples de planchers avec poutres. L'un, fig. 1, est un plancher à poutres apparentes. Ces poutres sont armées de lambourdes qui supportent les solives ou dans lesquelles elles s'assemblent. Je donne ci-dessous le nom de ces pièces : a, poutres; b, lambourdes; d, étriers en fer pour supporter les lambourdes de manière à les relier avec les poutres; e, chevêtres à linçoirs; f, solives d'enchevêtrure; k, solives de remplissage. La fig. 2 est l'ensemble des poutres et solives vues de face.

La fig. 3 est un plancher à poutres perdues : a, poutres perdues; b, lambourde; c, chevêtre; d, solives d'enchevêtrure; e, solive de remplissage; f, soliveau pour cacher la poutre au moyen d'un faux plancher. La fig. 4 est l'ensemble de la fig. 3 vue de face. Ces deux espèces de planchers sont fort peu en usage aujourd'hui.

La fig. 5 est un plancher d'enrayure à pan coupé : a, sont les deux coyers; b, est un gousset; c, chevêtres obliques; d, entrait de demi-ferme de croupe; e, chevêtre; k, lambourde carrée entaillée pour la portée des embranchements; m, embranchements; n, solives de remplissage.

La pl. IX est un plancher d'enrayure qui s'emploie généralement pour plancher de comble. Voici les noms des pièces de bois qui la composent : a, entrait de long pan : cette pièce reçoit l'assemblage des goussets; b, entrait de croupe : cette pièce s'assemble d'équerre avec l'entrait de long pan et reçoit un des bouts des goussets; d, coyer : cette pièce s'assemble obliquement dans le gousset; e, entrait de demi-ferme de croupe : cette pièce s'assemble dans le coyer; f, chevêtre à coupe biaise : ce chevêtre s'assemble d'un bout dans le gousset et de l'autre dans un entrait; cette pièce de bois reçoit aussi les embranchements ou solives de remplissage; g, chevêtre oblique qui s'assemble entre deux entraits, et qui reçoit de même les embranchements; h, chevêtres ou linçoirs recevant les embranchements, empanons ou solive d'enrayure; k, faux chevêtre; m, gousset : cette pièce se pose diagonalement entre l'entrait de long pan et l'entrait de croupe, et reçoit les coyers; n, faux gousset : cette pièce de bois se place derrière le gousset et s'assemble de même; o, embranchements ou solives de remplissage; p, empanons ou solives d'enrayure. La fig. 2 est l'entrait de long pan vu de face, avec ses mortaises simples et celles avec renforts. La fig. 3 est un coyer vu de face avec mortaises. Les fig. 4 et 5 sont deux entraits de demi-ferme de croupe vue de même. La fig. 6 est un entrait de croupe vu de face avec mortiers.

La planche X renferme un pan de bois à croisées circulaires. Le pan de bois est un ensemble de pièces de bois de charpente, composé de sablières, poteaux, décharges, tournisses, formant la façade d'une maison, ou formant cloisons de refend comme d, e, du plan B, qui dans l'intérieur d'un bâtiment servent de division aux différentes pièces qui composent ce bâtiment. Le pan de bois sert aussi quelquefois de pignon, c'est-à-dire qu'il a un triangle, dans sa partie supérieure, pour la pente qu'on donne à la toiture quand le comble a deux égouts. En jetant les yeux sur le dessin, on comprendra facilement la manière dont les diverses pièces de ce pan de bois s'emmanchent les unes dans les autres; il suffira donc d'indiquer le nom de chacune de ces pièces, et leur détail sur une plus grande échelle. La fig. A est l'élévation du pan de bois; la partie C indique les parpaings en pierre sur lesquels repose le pan de bois. La fig. B est le plan du pan de bois; I est la sablière basse posée sur les parpaings, et dans laquelle sont assemblés les poteaux d'huisserie ou de croisée indiqués par le chiffre 7. Le chiffre 6 indique les décharges. Les poteaux d'huisserie 7, et les décharges 6 qui s'assemblent par le haut dans les sablières hautes 2, lesquelles à leur tour s'assemblent dans les poteaux de fond 4, et les poteaux corniers 5. Ces poteaux corniers sont les poteaux d'angle du pan de bois indiqués sur le plan par le numéro 5. Les linteaux 9 s'assemblent dans les poteaux d'huisserie 7. Les liens cintrés 10 sont assemblés dans les linteaux 9 et les poteaux de fond 4. Toutes les pièces d'un pan de bois doivent être assemblées à tenons et mortaises, entrées avec force et chevillées. Les solives de remplissage 13 et les solives d'enchevêtrure 14 se posent sur les sablières hautes 2. Les sablières de chambrée 3 s'assemblent dans les poteaux de fond et les poteaux corniers, et dans ces sablières s'assemblent les poteaux d'huisserie 7, les décharges 6, les tournisses 12, et les potelets d'appui 17 de l'étage supérieur. Les potelets d'appui 17 s'assemblent par le haut dans les appuis 16, qui, à leur tour, sont assemblés dans les poteaux d'huisserie 7. Les liens cintrés 10 de l'étage supérieur s'assemblent dans les poteaux d'huisserie 7 et les linteaux 9, comme dans l'étage inférieur. Une sablière haute 15 couronne ce pan de bois et reçoit tous les assemblages du haut de ce pan de bois. Les poteaux 8 servent à surélever un petit pavillon au-dessus du pan de bois A. Les figures de détail portant leurs noms, on les comprendra sans autre explication. Je vais indiquer les diverses dimensions des pièces de bois pour un pan de bois d'environ cinq étages. Les pièces portant de fond, telles que poteaux corniers, poteaux de fond, doivent avoir de 21 à 25 centimètres d'épaisseur, et les sablières 20 à 25 cen-timètres; les décharges, croix de Saint-André, poteaux d'huisserie de portes et croisées, 16 à 18 centimètres; les poteaux de remplissage, tournisses et potelets, 14 à 15 centimètres. On peut encore réduire ces dimensions pour le dernier étage ainsi que pour les cloisons de refend. La planche XI renferme l'exemple de pans de bois d'un bâtiment à plusieurs ailes ou arrière-corps. La fig. 1 est l'élévation de ces pans de bois. La fig. 8 indique la moitié du plan du bâtiment entier; les parties indiquées sur ce plan par une teinte plus foncée désignent les principales pièces de bois en plan ou projection horizontale; elles se correspondent en élévation ou projection verticale. La fig. 2 est la coupe sur une plus grande échelle du fronton du principal portique. La fig. 3 est celle du petit fronton qui se trouve placé sur les niches. Ces pans de bois se composent, comme sur la planche X, de poteaux corniers, sablières hautes, sablières de chambrée, décharges, tournisses, poteaux d'huisserie ou de portes ou croisées, de croix de Saint-André, représentés par a; ce sont deux pièces de bois entaillées l'une dans l'autre, qui ne sont pas à angles droits, mais qui se coupent diagonalement.

La fig. 4 est le détail du plan et d'une portion d'élévation d'un poteau coupé à pans et qu'on surcharge de plâtre pour former le fût d'une colonne. La fig. 5 est le plan et l'élévation du poteau cornier C. La fig. 6 est le plan et un bout d'élévation d'un poteau cornier b. La fig. 7 est le plan et une portion d'élévation d'un poteau placé à la réunion de 4 pans de bois.

La planche XII est un exemple de pan de bois avec aile, dont toutes les moulures et ornements sont pris dans l'épaisseur des bois qui servent à la construction de ce pan de bois. La fig. 1 est l'élévation, la fig. 2 le plan, la fig. 3 en est la coupe prise sur la ligne AB. Les parties qui sur le plan ont la teinte la plus foncée sont des poteaux de fond et poteaux corniers assemblés entre eux pour former des parties de bois de la largeur nécessaire à la décoration. Du reste, on voit que ce pan de bois se compose, comme le précédent, de sablières, de poteaux d'huisserie, de poteaux corniers, décharges, croix de Saint-André, linteaux, etc.

La planche XIII est un pan de bois de refend ou de division intérieure. La fig. 1 est l'élévation de ce pan de bois, la fig. 2 son plan, la fig. 3 le poteau dans lequel s'assemblent toutes les pièces de bois horizontales de ce pan de bois et celles des pans de bois de face.

La planche XIV est un modèle de maison, genre arabe, susceptible d'être démontée par panneaux, et par conséquent d'être transportée d'un lieu à un autre. La fig. 1 est la face principale, la fig. 2 la face latérale, et la fig. 3 la moitié du plan.

La planche XV est un modèle semblable au précédent, mais d'un style chinois; la fig. 2 est l'élévation, la fig. 1 la moitié du plan.

La planche XVI est encore un exemple semblable.

La planche XVII contient deux exemples de combles à deux égouts ou versants égaux. La fig. 1 est la ferme d'un comble à deux égouts. La fig. 2 est le plan de deux de ces fermes, aussi bien que celui de deux fermes de la fig. 3. La ferme est un ensemble de plusieurs pièces de bois assemblées entre elles de manière à former la carcasse d'un comble; elle se compose ordinairement d'un entrait, de deux arbalétriers, de deux contre-fiches et d'un poinçon. Les fermes supportent les pannes, les faîtages et les chevrons du comble. Si l'on emploie de la tuile pour couvrir un comble, on donne pour hauteur à ce comble la moyenne entre le tiers et le quart de la longueur de ses fermes; si l'on emploie de l'ardoise, on donne pour hauteur au comble le quart au plus, et le cinquième au moins de la longueur des fermes. La distance d'une ferme à une autre s'appelle travée. Les fermes sont généralement éloignées les unes des autres de 3 ou 4 mètres au plus. Dans la fig. 1 et la fig. 2, e est l'entrait dans lequel les arbalétriers d sont assemblés à embrèvement; l'entrait se pose horizontalement et empêche l'écartement des arbalétriers; il porte de plus les autres pièces de bois qui composent la ferme; cet entrait est posé sur la partie supérieure des murs; souvent aussi il se scelle dans les murs comme dans la fig. 3. f est un faux entrait ou entrait retroussé. Il s'assemble dans les arbalétriers d et sert à les roidir. b est un poinçon dans lequel s'assemblent les arbalétriers par le haut; ce poinçon reçoit aussi le faîtage. Les contre-fiches c s'assemblent par le bas dans le poinçon et servent encore à soutenir les arbalétriers dans lesquels ils s'assemblent par le haut. Les aisseliers K servent à fortifier l'entrait retroussé et l'empêchent de fléchir; i sont les pannes que supportent les arbalétriers d, elles s'appuient aussi à leurs extrémités sur les murs de pignons; n, fig. 1 et 2, est un tasseau qui soutient la panne et qui s'assemble à tenon dans les arbalétriers; h sont les chantignoles ou bouts de bois en forme de goussets assemblés à tenon dans les arbalétriers, et servant aussi à soutenir les pannes; lorsque les pannes ne sont pas de très fortes dimensions, on ne se sert que de chantignoles. g sont les chevrons ou pièces de bois sur lesquelles se clouent les lattes destinées à recevoir les tuiles. Ces pièces s'appuient par le haut sur le faîtage avec lequel elles sont chevillées ou clouées, et s'assemblent par le bas, dans des pas entaillé par embrèvement dans une plate-forme v. Les chevrons s'espacent ordinairement de 0,45 centimètres d'axe en axe. Les pièces o sont des coyaux; elles se placent sur les chevrons et vont se terminer au bord de l'entablement; elles servent à faire arriver la tuile à fleur de la corniche. La fig. 3 est une ferme retroussée pour un comble dans lequel on veut établir des logements; elle ne diffère de la précédente que: 1° par les pièces 1 appelées blochets, pièces qui se posent carrément sur la partie supérieure du mur et reçoivent l'assemblage des arbalétriers; 2° par les jambes de force q qui soutiennent les arbalétriers à l'endroit où l'entrait retroussé s'assemble dedans; 3° par les jambettes m, qui à leur tour empêchent les jambes de force de fléchir. U est le faîtage vu en coupe qui s'assemble dans le poinçon. Les fig. 4 et 5 sont le profil et le plan au 9ᵉ de la grandeur des contours de la fig. 3. La fig. 5 indique un comble à deux versants. La fig. 6 est le faîtage vu de face du comble de la fig. 3. La fig. 7 représente une chantignole dont les contours sont triples de ceux de h, fig. 3; cette chantignole porte avec elle deux tenons dont l'un s'assemble dans le chevron et l'autre dans l'arbalétrier. La fig. 8 indique un assemblage par embrèvement de deux chevrons dans un poinçon. La fig. 9 est un assemblage semblable, mais fait par un autre embrèvement.

La planche XVIII renferme les détails d'un comble formant croupes On appelle croupes, fig. 1, les pentes triangulaires placées à l'extrémité du comble, et longs pans les faces latérales de ce comble. Les arêtes produites par la

3

jonction des longs pans et des croupes s'appellent arètiers. La fig. 2 indique une coupe de ce comble prise sur la ligne CD, fig. 1, coupe dont les détails sont représentés par la fig. 2 bis. La fig. 3 est une coupe prise suivant la ligne AB, fig. 1 ; ces détails sont reproduits par la fig. 3 bis. La fig. 4 est le plan détaillé de la portion A e f g, fig. 1. Ce plan indique un des arètiers K dans lequel viennent s'assembler les pannes m, deux arbalétriers l qui portent les pannes m, un entrait des longs pans n, qui tient toute la profondeur du bâtiment et dans lequel s'assemble l'arbalétrier l. Sa portion de ferme dans laquelle se trouvent les arètiers s'appelle demi-ferme d'arètiers. o sont des demi-entraits : l'un se nomme demi-entrait de demi-ferme de croupe, et l'autre demi-entrait de demi-ferme d'arètiers. Dans cette dernière demi-ferme K est l'arètier : cette pièce de bois reçoit l'assemblage des pannes, au lieu, comme les arbalétriers, de passer sous les pannes ; y est le gousset recevant l'assemblage du demi-entrait. q sont les empanons de la croupe : on donne le nom d'empanons à tous les chevrons qui s'assemblent dans l'arètier ; tous les autres chevrons se nomment chevrons de long pan. Le chevron p placé au milieu de la croupe a pour nom, chevron de croupe ou de demi-ferme de croupe ; il s'appuie sur le poinçon r et sur la plate-forme. Les fig. 5, 6, 7 indiquent les opérations graphiques à faire pour obtenir les longueurs, grosseurs et coupes d'assemblage des arètiers, demi-entrait d'arètiers, etc. La fig. 7 est le demi-entrait d'arètier vu sur sa hauteur ou épaisseur. La fig. 5 est l'arètier dans sa longueur réelle, et vu sur sa hauteur ou son épaisseur avec les coupes de ses assemblages. La fig. 6 est le même entrait vu par-dessous avec ses assemblages du haut et du bas ; celui du haut se plaçant sur l'arête du poinçon, et celui du bas entrant dans le demi-entrait d'arètier. Pour obtenir cette longueur de l'entrait, on commence par projeter le centre du poinçon r au moyen de la perpendiculaire r s ; on mène ensuite sur r k, t u parallèle à r k, et l'on portera de t en s la longueur, fig. 2 bis, de v en x, et l'on tirera s z (on obtiendra le point z par la perpendiculaire élevée du bout de l'arètier, fig. 4, sur la ligne t u ) ; la ligne s z sera la ligne d'arête de l'arètier. La perpendiculaire 1, 2, fig. 4 et 5, donnera, en menant du point 2 une parallèle à s z, la projection verticale d'une des parties inclinées de l'arètier ; on donnera ensuite à l'arètier l'épaisseur convenable au moyen d'une seconde parallèle à s z. Le reste de l'opération se comprendra mieux par un examen sérieux des lignes ponctuées que par tout le détail que j'en pourrais donner. La fig. 8 est le dessus de l'aisselier de la demi-ferme de croupe, fig. 5 bis.

La planche XIX donne le plan, fig. 1, d'un comble irrégulier P R S Q, à croupe R E S, composée d'arètiers A et B, et de plus un modèle a b c d d'empanon à faces délardées, c'est-à-dire dont les deux faces latérales sont situées dans deux plans verticaux, et dont les deux autres faces sont parallèles au plan du lattis, ce qui rend les faces de cet empanon parallèles deux à deux et non à angles droits. Cette planche donne aussi l'exemple d'un autre empanon, e f g h, appelé empanon déversé, c'est-à-dire dont les faces se coupent à angles droits ou d'équerre, ce qui donne à cet empanon deux faces latérales perpendiculaires au plan du lattis et d'autres faces parallèles à cedit plan.

1° Pour opérer la construction d'un empanon délardé, il faut connaître d'abord la quantité de bois qu'il faut retrancher de ses deux faces latérales pour les rendre verticales, l'inclinaison et la forme de la surface qui se trouve en contact avec l'arètier dans lequel il s'assemble, la position et la coupe de son tenon et de son pied qui repose sur une plate-forme ou sablière.

Dans la fig. 1, A est le plan de l'arètier le plus court ; E le poinçon dans lequel s'assemblent les arètiers ; B est le plan de l'arètier le plus long ; F et G représentent une coupe faite dans la croupe R E S perpendiculairement à R S, et jusqu'au centre E. 1, 2 sont la hauteur du comble à partir du plan de la plate-forme ou sablière au-dessus du faîtage. Ainsi donc, après avoir tiré, pour F et G, 2, 3 perpendiculaires sur R S, et avoir porté, 1, 2, hauteur qu'on donne au comble, perpendiculairement sur 2, 3, et correspondant au point E du poinçon, vous tirez 3, 1.

Ensuite, pour avoir les arètiers, C, D, en élévation sur un plan vertical parallèle à R E, et par conséquent dans leur véritable longueur, sur 3, 2 de A, et à partir du point E, vous élèverez la perpendiculaire 2, 1, hauteur du comble égale à 1, 2 de F ou G, et vous tirerez 1, 3 de C ; vous fixerez ensuite l'épaisseur de l'arètier par une ligne 4, 5 parallèle à 3, 1, vous tirerez 4, 6 et 7, 8 perpendiculaires sur R E. A partir du point 7 on mènera une parallèle à 3, 1 qui indiquera l'inclinaison de la partie supérieure de l'arètier, et du point 6 on mènera la parallèle indéfinie à R S u 6 z, et du point u on mènera une parallèle à 3, 1 de F ; cette parallèle indiquera la projection de l'épaisseur du bois de l'arètier C. Pour obtenir sur l'arètier C, les mortaises qui devront recevoir les tenons des empanons, à partir des points a et c vous projetterez perpendiculairement sur R E les lignes a r, c s, jusqu'à la rencontre de R s aux points r, s, vous diviserez s t en trois parties égales ; par ces points de division ou mènera des parallèles qui détermineront les mortaises et l'inclinaison du contact de l'empanon sur l'arètier. Pour obtenir ensuite la véritable longueur des lignes de l'empanon indiquées en place par a b, c d, du point c vous élèverez indéfiniment sur R S les perpendiculaires c x et a v, et des points a et c vous mènerez parallèlement à R S les lignes a k, c l jusqu'à la rencontre de la ligne 3, 1 de F ; ensuite du point 3 de F, comme centre, avec des rayons égaux à 3 k et 3 l, vous décrirez des arcs de cercle jusqu'à la rencontre de 3, 2 de F, et vous prolongerez l'arc qui part du point l jusqu'à la rencontre 3, 2, par une parallèle à 3, 1 qui coupera c x au point v ; et alors à partir du point 8, vous tirerez 8 x, vous prolongerez l'arc qui part du point k de la même manière et vous aurez le point v ; vous joindrez d x et b v qui seront les véritables longueurs des lignes indiquées dans le plan de l'empanon par a b, c d. Pour obtenir maintenant l'épaisseur du bois qu'il faut retirer de chaque côté des faces latérales, on mènera la perpendiculaire q u sur 3, 1 de F et l'on mènera la ligne q p y parallèle à RS ; sur cette ligne, du point 6 on abaissera la perpendiculaire 6 p, et du point p on mènera une parallèle à 8 x qui coupera les lignes a x et c x aux points i, o ; de ces points on mènera parallèlement à xd les droites o z, i y, et l'on joindra b y et d z. Aux points où les lignes c d, o z et a b, i y se couperont, on élèvera des perpendiculaires sur o z et i y ; ces perpendiculaires indiqueront la partie de bois à retrancher sur les deux faces latérales, lesquelles parties retranchées devront avoir chacune la forme d'un prisme triangulaire. La fig. 3 indique l'empanon a b c d avec tous ses détails ; pour plus de clarté, je l'ai représenté de nouveau dans cette figure. Les lignes ponctuées faites pour obtenir la projection verticale de l'empanon sur un plan parallèle aux faces verticales, démontrant d'une manière précise les moyens employés pour cette construction, je n'entrerai pas dans de plus longs développements à cet effet.

Pour obtenir les projections des faces latérales de l'empanon déversé, perpendiculaires au plan du lattis, on élèvera la perpendiculaire a' c' sur 3, 1 de G jusqu'à la rencontre de 3, 2 au point c'. On mènera a' b', c' d' parallèles à RS, et du point e' où a' b' rencontre g h, on élèvera la perpendiculaire e' f' sur a' b' et l'on joindra h f', cette ligne coupera la ligne u 6 z k' i' au point i'; on tirera alors h i', et du point i' on mènera une parallèle i' u' à g h ; on tirera ensuite k' f parallèle à h i', et du point d'intersection k' on mènera o' k' parallèle à g h et l'on joindra f k'. Quant aux véritables longueurs des lignes e f g h de l'empanon déversé, on s'y prendra identiquement de même que pour l'empanon délardé, ce qui est indiqué, du reste, par le tracé des opérations graphiques ; ces longueurs réelles m' f, n' h des points e, o', g, u', on élevera des perpendiculaires sur ES que l'on prolongera jusqu'en q' p' r' s'; on joindra ces points p' q', r' s' par deux droites que l'on déversera en trois parties égales, ce qui donnera la mortaise et la position de la surface de contact de l'empanon sur l'arétier D.

Pour plus de précision dans les opérations, j'ai, de même que pour l'empanon délardé, reporté le plan e f g h de l'empanon déversé de la fig. 1 avec tous ses détails à la fig. 2, afin d'obtenir la projection verticale de cet empanon sur un plan parallèle à la face déversée, c'est-à-dire sa projection verticale sur l'épaisseur réelle de son bois.

La figure 4 indique le plan d'un comble à croupes avec des faces entièrement inégales dans ce cas ; les longs pans ne sont plus des figures planes, c'est-à-dire des superficies sur lesquelles une ligne droite s'applique dans tous les sens : ils ont du gauche, c'est-à-dire que sur les quatre points sommets des angles d'une face de long pan il peut y en avoir qui se trouvent hors de la surface réellement plane qui pourrait passer par ces quatre points ; dans ce cas, les pièces de bois, telles que chevrons, arbalétriers, pannes, etc., pourront avoir du gauche. Alors pour obtenir la partie à enlever sur ces pièces, on s'y prendra comme l'indiquent les fig. 6 et 7 ; et, pour avoir le développement ou longueur réelle des chevrons ou autres pièces, on suivra l'indication de la fig. 5.

La planche XX est un exemple d'intersection de combles en lignes droites, c'est-à-dire de la jonction des combles de plusieurs parties de bâtiment dont la toiture est combinée au moyen de surfaces planes qui se coupent en aboutissant au même point. Ces surfaces planes, par leurs intersections, produisent des angles saillants et des angles rentrants. Ces angles exigent, pour soutenir la couverture, des pièces de bois qui épousent l'inclinaison de ces angles ; les pièces de bois qui prennent la forme des angles rentrants s'appellent noues. Les lignes a b, a c, d e, d f de la fig. 1 représente les angles des noues qui forment l'ensemble de plusieurs combles vus à vol d'oiseau. La fig. 2 est la même figure, mais au double des contours de la fig. 1 pour en mieux saisir les détails de construction.

J'ai dit plus haut que dans un comble la ligne de gorge est celle qui indique les arêtes intérieures des pieds des chevrons, tels que l h k, fig. 4 ; et la ligne d'about, celle qui indique les arêtes extérieures des pieds des mêmes chevrons. Lorsqu'on veut tracer le plan ou l'épure d'un comble qui renferme des noues, on indique d'abord la forme de l'ensemble du comble et les arêtes de jonction ou lignes d'angle des noues ; on élève ensuite au-dessus de chaque partie de comble les fig. A B C, c'est-à-dire les coupes indiquant la pente que l'on donne aux combles par l'élévation du poinçon qui est la même dans les trois coupes A B C ; on indique les pas de chevrons dans la sablière, comme l'indique la fig. A, et de ces pas de chevrons on abaissé perpendiculairement sur les plans la ligne de gorge et d'about qui se coupe sur la ligne d'angle des noues ; de plus on trace les faîtages p v, p x, y z et les poinçons p et y ; ensuite, à partir du point q de la ligne d'angle p q de la noue, on porte q r égal à la moitié de la largeur de la noue sur la ligne extérieure de la sablière ou plate-forme, et du point r on élève une perpendiculaire r t sur p q prolongée ; du point t, rencontre de r t avec q u, on mène une parallèle p q ; on mène de même à partir du point r une autre parallèle à p q. Ces deux parallèles déterminent les projections horizontales des faces latérales de la noue. La même opération a lieu, du point u et du point s, pour obtenir la sablière sur laquelle repose ladite noue. On comprend qu'en répétant les mêmes opérations pour les autres noues, on connaîtra leur largeur. Il reste maintenant à déterminer la longueur véritable et l'inclinaison de l'angle de la noue ; la fig. 4 démontre suffisamment l'opération à faire pour obtenir la longueur véritable de la noue p q, pour que je n'entre pas dans plus de détails ; mais pour connaître l'angle d'inclinaison, voici comment on procédera :

On tirera la ligne 5, 6 de la fig. 6 égale à la ligne 5, 6 de la fig. 4, et des points 5, 6 de ladite fig. 6 on élèvera sur cette ligne des perpendiculaires égales à 1, 2 de la fig. 4. On fera 5 q de la fig. 6 égale à 5q de la fig. 4, on mènera q 7 perpendiculaire sur 5, 6. On prendra 3, 4 de la fig. 6 égale à 3, 4 de la fig. 4 ; on mènera 4, 7 parallèlement à 5, 6, et le point 7 d'intersection des lignes 4, 7, q, 7 sera le sommet de l'angle : donc en tirant 7, 5 et 7, 3 on aura les côtés de cet angle. Cette fig. 6 s'appelle calibre et sert à tracer l'angle d'inclinaison sur chaque bout de la pièce de bois équarrie qui doit servir à la noue; c'est au moyen de ce tracé qu'on creuse cet angle dans la pièce de bois.

La noue indiquée par la fig. 4 est une noue délardée, c'est-à-dire que ses faces latérales sont verticales, comme pour l'empanon délardé dont je me suis occupé précédemment; mais on peut aussi employer des noues déversées, c'est-à-dire des noues dont chacune des faces latérales soit perpendiculaire à la surface représentée par le lattis auquel elle correspond. Comme les opérations sont absolument les mêmes que pour l'empanon déversé, j'en rappelle simplement l'opération graphique dans la fig. 3. Quant à la projection verticale, elle s'obtient comme celle précédente. La fig. 5 est la coupe ou calibre de l'inclinaison de la noue déversée.

Lorsque plusieurs combles viennent se réunir ensemble et que leurs faîtages ne sont pas de la même hauteur, les combles les moins hauts viennent se terminer, soit perpendiculairement, soit obliquement sur les surfaces des lattis des plus hauts; alors pour relier ces combles entre eux, au lieu de noues, on est obligé de se servir de pièces de bois appelées noulets. Ces noulets, dans les grands combles, sont des espèces de fermes inclinées suivant la pente du lattis qu'elles rencontrent; mais dans ces fermes, les noulets sont seuls inclinés, les autres pièces se plaçant, du reste, comme dans les fermes ordinaires. Je vais en donner des exemples dans la pl. XXI.

La fig. 1 est la réunion de deux combles, vus à vol d'oiseau, dont le sommet de l'un vient mourir perpendiculairement sur l'une des surfaces de l'autre. La fig. 2 représente les mêmes combles avec leurs faîtages, leurs chevrons, leurs empanons, et les deux projections horizontales o s, s q des deux noulets égaux. Pour obtenir la longueur réelle de ces noulets, leurs grosseurs, leurs inclinaisons, par rapport aux deux surfaces des combles, il faudra: 1° élever sur chacune des lignes o s et s q les deux perpendiculaires s p, s r, que l'on fera de la hauteur de x j, fig. 3. Cette figure, comme on le voit, est la projection verticale d'une des faces o s du comble à noulets, x y est par conséquent la projection verticale de o s; après avoir fait cette opération, on fera la ligne i k, fig. 4, égale à la ligne o q de la fig. 2. Du point i, fig. 4, avec une ouverture de compas égale à o p de la fig. 2, on tracera un arc de cercle indéfini; du point k, fig. 4, avec une ouverture de compas égale à q r, on tracera un autre arc de cercle: ces deux arcs de cercle se couperont en un point n, on joindra i k et k n; ensuite du point g qui se trouve être, comme le point v, la même projection d'un des points de l'arête du faîtage, on abaissera sur k n la perpendiculaire g c; on prendra ensuite la distance k c du point k au point c, et on la portera du point q au point u; du point u on abaissera la perpendiculaire u t sur q s et l'on joindra v t. Ensuite, pour obtenir l'inclinaison b a c du noulet, ou pour mieux dire, la forme de la coupe de ce noulet qu'il faut connaître pour tailler cette pièce de bois, du point c, avec une ouverture de compas égale à t u, on tracera un petit arc de cercle, et du point g, avec une ouverture de compas égale à v t, on tracera un autre arc de cercle qui coupera le premier au point d; on tirera c e, g d, et sur la ligne g e au point g, on élèvera une perpendiculaire g f que l'on fera égale à x j; puis du point c on portera sur g c l'épaisseur que l'on veut donner au noulet, soit b c, par exemple, et par le point b on mènera une parallèle à k n. Du point b on abaissera encore une perpendiculaire sur f c qui coupera cette ligne au point a, point par lequel on mènera une seconde parallèle qui déterminera les faces du noulet et sa coupe entière b a c. Si les noulets ne s'assemblent point dans un faîtage, on les assemblera par enfourchement, comme le démontre la fig. 4.

Pour faire poser le pied du noulet sur les plates-formes, il faut avoir le surplus du developpement ou de la longueur réelle de l'arête supérieure jusqu'à sa rencontre avec la plate-forme. Pour cela faire, on portera, à partir du point y de la figure 3, une longueur y 10 égale à la hauteur de l'angle a b c, et à partir du point g, rencontre de la perpendiculaire abaissée du point n sur i k, on portera la longueur 10-11 sur le prolongement de cette perpendiculaire, jusqu'en h. Par ce point on mènera une parallèle à l k qui coupera les sablières. Le point de rencontre des lignes extérieures de ces sablières avec cette dernière parallèle déterminera les rallongements des arêtes supérieures des noulets, et il ne restera plus qu'à joindre les autres points des noulets avec l'extrémité de ces rallongements.

La fig. 5 indique la réunion de deux combles, dont l'un d'eux vient mourir obliquement sur une des surfaces de l'autre. La fig. 6 donne tous les détails de ce comble. La fig. 7 est la projection verticale des deux surfaces produites par les noulets. La fig. 8 est la herse ou le développement des noulets et de leurs coupes. Il faut seulement faire attention que dans cette figure les opérations sont doubles de celles faites dans la fig. 4, attendu que la fig. 6 présente un comble à noulets biais, et par conséquent inégaux, et que par cela même il faut, de plus que dans la fig. 4, faire l'opération pour les deux noulets.

La pl. XXII, fig. 1, renferme un exemple de comble en pyramide régulière octogonale avec la moitié de son plan et la coupe de son élévation, c'est-à-dire sa projection horizontale et sa projection verticale. Ce comble est, du reste, de la nature des combles à croupes régulières et formé par des arêtiers. La fig. 6 indique le plan d'une pyramide irrégulière, c'est-à-dire d'un comble dont les arêtiers sont inégaux, et dont les surfaces sont des figures planes irrégulières; on sera alors obligé, pour cette espèce de comble, de faire les opérations pour chaque face particulière et chaque arêtier. La fig. 2 est un comble conique avec le détail de la moitié de son plan, comme pour la figure ci-dessus; ces combles sont formés de chevrons principaux b, assemblés par le bas dans les plates-formes c, et par le haut dans un poinçon a placé au centre du plan; si les plates-formes sont doubles, on les réunit par des entre-toises. Comme dans un comble conique, tous les chevrons ne peuvent pas aboutir au centre du poinçon, les principaux, au nombre de huit, s'assemblent seuls dans le poinçon, et sont reliés entre eux par un ou deux rangs de liernes ou entre-toises circulaires qui reçoivent des chevrons h plus courts, et au moyen desquels on remplit les vides. Ces chevrons s'assemblent dans les liernes. Les plates-formes et les liernes doivent épouser la courbure du cône. Je vais donner les moyens d'obtenir ces courbes ainsi que la courbe de la plate-forme.

On observera que l'échelle des détails est triple de celle des épures.

On portera a d comme rayon du cercle du plan du cône, sur une ligne indéfinie tirée perpendiculairement, fig. 3. Du point de centre on décrira l'arc gk égal à gk de la fig. 2. On en fera autant pour ai; on donnera aux tenons la largeur convenable, et la courbe de la plate-forme sera tracée et prise dans une pièce de bois de forme rectangulaire indiquée du reste par des lignes ponctuées qui enveloppent le morceau de plate-forme courbe.

Maintenant, pour avoir la lierne courbe, on prendra un rayon af que l'on portera de même, fig. 5, sur une perpendiculaire; du point a comme centre, on décrira un arc de cercle sur lequel on portera la distance qui existe entre deux chevrons; des points obtenus par cette opération, on dirigera des lignes par le centre a, lignes qui donneront la forme de cette lierne; on décrira ensuite avec les rayons am, an, les deux courbes qui suivent la première, et pour avoir sur le plan la distance fm déterminée, l'on y parviendra par le moyen de la fig. 4, qui donne la distance 6,2 d'inclinaison, qui est égale à fm; on tracera les deux tenons qui épouseront l'inclinaison de lierne, et il ne restera plus qu'à faire l'entaille que l'on voit au milieu de la fig. 5, pour recevoir les chevrons.

La fig. 7 est la ferme d'un comble dont l'intérieur est la forme d'une voûte demi-circulaire. La fig 8 en est la coupe sur la longueur et contient deux de ces fermes.

La planche XXIII contient deux exemples de combles, l'un en dôme, auquel on a appliqué le système de Philibert Delorme, l'autre qui est le véritable comble inventé par Philibert Delorme. Ces combles s'exécutent par fermes composées de planches auxquelles on donne la courbure nécessaire, et que l'on place de champ les unes à côté des autres, en les reliant avec des boulons, de manière à ce que l'extrémité d'un des bouts d'une planche corresponde au milieu de l'autre planche. Ces fermes se placent de 70 à 90 cent. de distance l'une de l'autre et sont reliées par des liernes a, fig. 1 et 2. Ces liernes embrassent trois fermes entre elles; les planches qui servent à composer les fermes se débitent à 1 m. ou 1 m. 30 c. de longueur sur 0,040 à 0,045 millimètres d'épaisseur. On en met deux ou trois ensemble, suivant la portée des fermes qu'elles doivent composer, et elles se contrarient toujours, comme l'indique la fig. 4.

La fig. 3 représente l'ensemble de deux de ces fermes reliées par des liernes qui sont chevillées pour serrer les planches. La fig. 2 est la projection verticale de cette forme de comble qui, dans cet exemple, imite la voûte en plein cintre. La fig.      en est le plan ou projection horizontale, b indique en plan les fermes composées de deux planches. La fig. 5 indique la manière de débiter et de cintrer les planches destinées à l'usage des fermes. Les fig. 6 et 7 sont les projections verticale et horizontale d'un dôme dont la charpente est faite suivant le même système, à l'exception des liernes, qui sont continues au lieu de s'interrompre à toutes les trois fermes, comme dans l'exemple précédent.

La planche XXIV renferme un exemple de comble inventé par Lacasse, charpentier. Ce système consiste à remplacer les courbes en planches jointes, du système de Philibert Delorme, par des solives de 16 à 19 centimètres d'épaisseur sur le double environ de hauteur et assemblées à trait de Jupiter. La fig. 1 est une portion du plan d'un comble semblable. Pour obtenir le tracé des courbes o, s, b, fig. 2, on divise la corde a b en deux parties égales par la ligne p s passant par le centre o; ensuite on la divise encore en sept parties, dont on porte une partie de r en s; puis l'on joint sa, sb, sur le milieu desquelles on élève des perpendiculaires dont le point de rencontre avec so, prolongé en p, donne les centres des courbes qui sont indiquées, en plan et en coupe, fig. 2, par la lettre h, et assemblées à trait de Jupiter marqué par la lettre c, et repose sur un cours de sablières a, dans lesquelles elles s'assemblent; ces courbes, espacées d'environ 0,80 c., fig. 1, sont reliées entre elles par des liernes g distantes l'une de l'autre de 1 m. 50 c. à 1 m. 70 c. Ces liernes s'assemblent alternativement à mi-bois dans les courbes, et à tenons et mortaises, comme l'indique la portion d'élévation, fig. 5, et le plan fig. 1. Les espaces compris entre les courbes se remplissent par des entre-toises k, fig. 1 et 5, qui servent à diminuer ces vides, afin de pouvoir poser le lattis de la couverture et celui du plafond, lorsqu'il y en a. La fig. 3 est l'indication de l'assemblage des courbes à trait de Jupiter. La fig. 4 est le même assemblage par-dessus et par-dessous la courbe.

La planche XXV contient divers modèles de lucarnes. La fig. 1 est le plan d'une lucarne à la capucine, c'est-à-dire qui a deux longs pans et une croupe sur le devant. La fig. 2 est l'élévation; la fig. 3, le profil ou élévation latérale; la fig. 4 en est l'épure en herse, c'est-à-dire que toutes ces pièces sont à leur véritable longueur; enfin qu'elles sont développées. La fig. 5 représente deux chevrons assemblés à enfourchement par le haut; la fig. 6 indique ces deux chevrons séparés et posés sur un plan. La fig. 7 est une lucarne flamande, dont le chapeau ou couronnement est cintré; la fig. 8 en est le profil et la fig. 9 le plan. La fig. 11 est une lucarne à la capucine et à fourrage; la fig. 12 est le plan de sa croupe et d'une partie des longs pans; la fig. 13 en est le profil. La fig. 14 est une lucarne à la demoiselle vue de profil. La fig. 15 est la même vue de face. La fig. 16 est une lucarne rampante vue de profil. La fig. 17 est la même vue de face. Il y a encore une lucarne qu'on appelle lucarne à chevalet; elle ne diffère de celle à la capucine qu'en ce qu'elle n'a pas de croupe sur le devant.

La planche XXVI renferme, fig. 1, le plan d'un escalier dont les marches sont assemblées d'un bout dans un mur ou cloison, et de l'autre dans un limon ou pièce de bois rampante, droite et cintrée, qui porte l'extrémité des marches d'un escalier. Dans ce plan, les limons ne sont cintrés, d'un bout, qu'à la partie du palier de repos, sur lequel ils s'appuient, et, de l'autre bout, qu'à celle qui repose sur le palier d'étage. La fig. 2 montre deux étages de cet escalier vu de face. La fig. 3 est le détail fait, sur la grande échelle, d'une partie du plan du limon indiqué A sur le plan de la fig. 1. La ligne b est la saillie de la moulure de la marche, et les deux lignes c d indiquent l'épaisseur de la contre-marche; au moyen de ces deux lignes projetées, on trace la ferme des limons en élévation et leur développement décrit sur la fig. 4. Pour fixer la hauteur du bois du limon, on marque au-dessus de la ligne ponctuée de la moulure de chaque marche une hauteur quelconque, suivant celle qu'on veut donner au bois du limon; on en fait autant au-dessous de la hauteur de chaque contre-marche; par ces points déterminés, on fait passer une ligne supérieure et une inférieure qui donnent la hauteur du bois du limon. Les marches se projettent verticalement au moyen du plan. Les fig. 5 et 6 donnent la coupe d'assemblage des portions cintrées du limon coupé, fig. 3, suivant les lignes e f, g h. La fig. 7 est la coupe d'une marche; i sont les épaisseurs des marches, k l'épaisseur d'une contre-marche.

La planche XXVII est un escalier à limon cintré. Pour obtenir toutes les opérations graphiques nécessaires au tracé des coupes du limon, il faut d'abord dessiner le plan ou l'épure de l'escalier qu'on veut construire, suivant l'indication de la fig. 1. On appelle ligne de giron, la ligne qui sépare la longueur d'une marche en deux parties égales, telle que A B C, fig. 1. On divise cette ligne en autant de parties égales qu'on veut avoir de marches. Puis, pour avoir le balancement ou dansement des marches, c'est-à-dire pour obtenir l'espacement convenable des marches sur le limon, il faut : 1° tirer une ligne m n, fig. 2, porter sur cette ligne autant de divisions prises à volonté qu'on veut balancer de marches. Ainsi, dans l'exemple de la fig. 1, on balancera dix marches depuis le n° 2 jusqu'au n° 11; à cet effet, on tracera les lignes de devant des marches 11 et 12, de manière qu'elles passent par le point de division de la ligne de giron et par le centre du limon; puis de chaque point de division, sur la ligne m n, on élèvera des perpendiculaires indéfinies. Comme il y a dix lignes perpendiculaires, et que le nombre 10 est un nombre pair, vous tirerez au milieu de la ligne m n, fig. 2, la perpendiculaire indéfinie o p, et diviserez la distance K D du limon en dix parties égales; vous porterez une de ces parties de o en p, fig. 2; vous prendrez ensuite, fig. 1, la largeur de la marche 11 sur le limon, et marquerez cette largeur, fig. 2, de m au point q; vous tirerez ensuite q p qui, prolongé suffisamment, coupera la perpendiculaire indéfinie aux points 2, 3, 4, 5, 6, 7, 8, 9, 10, 11. Ces perpendiculaires une fois limitées, on portera sur le limon, comme espacement, chacune d'elles au numéro correspondant de chaque marche de la fig. 1, et l'on aura le balancement cherché qui fixera la ligne du devant des marches; on portera en arrière de cette ligne la saillie de la moulure de la marche, et l'épaisseur de la contre-marche, marquées par les deux petites lignes qu'on aperçoit au delà. Mais comme ce balancement donne lieu à une certaine inégalité dans la division des marches sur le limon, cette inégalité empêche que le développement des limons, c'est-à-dire que la longueur réelle du limon ne puisse s'obtenir par des lignes droites. On est alors contraint de faire le développement dudit limon.

Pour développer le limon, tirez la droite indéfinie c d, fig. 3 et 4; portez, à partir du point d vers c, fig. 4, toutes les largeurs des marches de la fig. 1 contre le limon, depuis la marche 2 jusqu'à la marche 12; de tous les points que fixeront ces largeurs, élevez des perpendiculaires; ensuite, sur la dernière perpendiculaire r s, portez la hauteur de onze marches par chacun des points marqués par ces hauteurs; tirez des parallèles r d. Ces parallèles qui couperont la perpendiculaire détermineront la largeur du dessus des marches, il ne restera qu'à marquer l'épaisseur des marches et celle des contre-marches, ainsi que la hauteur du bois du limon, indiquée par les petites courbes. La fig. 3 est le développement des mêmes marches contre la cloison.

On tracera sur le limon du plan fig. 1 les lignes de coupe des joints dudit limon; on prolongera ensuite toutes les lignes du devant des marches jusque sur le limon, et l'on tracera sur le plan la ligne de base e f, tangente extérieurement à la volute du limon, et passant par le point extérieur le plus saillant de la coupe de joint. Ensuite, des points ou des lignes de devant des marches couperont les deux lignes qui forment l'épaisseur du limon; on élèvera indéfiniment des perpendiculaires à cette base, on mènera de plus, à la distance que l'on jugera convenable, une ligne t u parallèle à e f, et à partir du point u sur la perpendiculaire u x on portera la hauteur de dix marches. Par les points fixés sur cette hauteur, on mènera des parallèles à e f qui couperont, en certains points, les perpendiculaires élevées sur cette ligne, perpendiculaires qui correspondront sur le plan aux lignes du devant des marches, et qui fixeront sur le limon, fig. 5, le devant de chaque marche. Maintenant vous avez tous les éléments nécessaires pour achever le limon de la fig. 5; vous prendrez la hauteur du dessus et du dessous de marche correspondante, vous les porterez sur le limon de la fig. 5, ce qui fixera la hauteur du bois de ce limon. Les petites lignes telles que y z, fig. 5, qui sont tirées parallèlement à la ligne t u, en dessus et en dessous du limon, et qui correspondent aux lignes telles que y z du plan, fig. 1, s'appellent lignes de gauche, parce qu'elles déterminent les points par lesquels passent les lignes d'épaisseur du gauche du dessus et du dessous du limon.

Une fois qu'on a obtenu le limon, il faut encore, pour tracer et débillarder le bois, obtenir le modèle qui doit servir à tracer le cintre du limon. A cet effet, il faut, au-dessus du limon, tirer une ligne droite vx, fig. 5, qui touche aux extrémités de ce limon, et des points où les perpendiculaires élevées sur tu rencontreront cette ligne, on élèvera d'autres perpendiculaires indéfinies; l'on mènera gh, fig. 6, parallèle à vx, et l'on portera, à partir de gx, toutes les distances correspondantes des perpendiculaires élevées sur ef, depuis ef jusqu'aux lignes extérieures et intérieures du limon, opération qui donnera le modèle cherché. Au moyen de ce modèle, qu'on tracera des deux côtés d'une pièce de bois, fig. 7, on débitera le limon suivant les lignes obliques horizontales du fond de la pièce de bois, qui sont les mêmes que les perpendiculaires qui ont servi à tracer le limon de la fig. 5, tandis que les lignes verticales sont celles qui ont servi à tracer le modèle du cintre du limon. La fig. 8 est une marche vue en dessous pour une portion courbe d'escalier; la fig. 9 est une marche vue de même pour une portion droite d'escalier; la fig. 10 est un limon d'escalier à crémaillère, c'est-à-dire que dans ce genre d'escalier les marches, au lieu de s'assembler dans le limon, portent dessus avec une moulure saillante, comme le représente la fig. 11. Mais comme pour obtenir le limon fig. 10, les procédés sont presque les mêmes que pour le limon ordinaire, je n'en parlerai pas plus longuement.

La planche XXVIII renferme un exemple d'escalier construit dans une cage elliptique ou ovale. La fig. 1 est le plan de cet escalier, ou projection horizontale, la fig. 2 en est l'élévation; la fig. 3 est le développement du limon, fig. 1, de a en b, sur lequel est tracée la coupe de joint de cette partie du limon; la fig. 4 est le développement de c en d, sur lequel est indiquée la coupe de joint de cette autre portion de limon; la fig 5 indique la construction graphique nécessaire pour obtenir le modèle du cintre de la partie de limon de a en b; la fig. 6, celle nécessaire pour avoir le modèle du cintre, la partie du limon de c en d; et enfin la fig. 7, le modèle du cintre de la dernière partie du limon de e en f.

La planche XXIX contient des exemples d'étaiement, d'étrésillonnement, et de cintre pour soutenir la maçonnerie des voûtes dans leur construction.

On appelle étaiement l'ensemble de toutes les pièces de bois qui servent à soutenir une partie d'un bâtiment auquel on refait des murs ou parties de mur en sous-œuvre, ou lorsqu'on veut pratiquer une ouverture quelconque dans un mur, fig. 1; les parties ponctuées indiquent toute la partie de maçonnerie que l'on doit retirer pour mettre un poitrail et obtenir une ouverture ou baie. On se sert aussi d'étaiement pour porter des planchers, tandis qu'on construit la partie du mur qui les soutenait comme dans la fig. 4.

On appelle étrésillonnement l'action de retenir les terres ou le mouvement des parties d'un bâtiment au moyen des étrésillons qui sont des pièces de bois posées obliquement entre deux murs, ou contre des dosses ou planches épaisses pour empêcher l'éboulement des terres et le mouvement des murs.

Dans la fig. 1, T sont des couches ou couchis placés verticalement, et R des étrésillons placés, alternativement et en sens inverse, entre ces couchis pour contre-butter les trumeaux de droite et de gauche. E est une couche ou sablière qui reçoit les étais; A sont des étais placés en sens opposé, et dont les pieds sont coupés en biseau pour les faire porter du centre de la pièce sur la sablière; F sont des coins entaillés à mi-bois et retenus par des clous; D est une entre-fiche qui sert à contre-butter le chapeau C, qui soutient le mur et le traverse. Quelquefois on ne met pas de contre-fiche, selon le poids qu'il s'agit de porter. La fig. 2 est l'ensemble de ces pièces de bois vues de profil. Cet ensemble s'appelle chevalement. La fig. 3 représente un étaiement ordinaire, soutenant un mur de refend. H est une contre-fiche, G le mur de refend soutenu par cette contre-fiche qui s'appuie sur un mur ou sablière L, dans lesquels on fait entrer une pièce de bois maintenue par des cales I, K. La fig. 4 représente un étaiement soutenant un plancher. B est la couche ou sablière portant les étais M et le poteau N qui supportent le chapeau O; au-dessus du plancher est une sablière P, qui porte d'autres pièces de bois Q, placées horizontalement sur P, et qui reçoivent les poteaux ou chandelles R. La fig. 5 est un exemple d'étrésillonnement pour prévenir l'éboulement des terres d'une tranchée; q sont des couches placées verticalement, p sont les couchis qui retiennent les terres qui sont retenues à leur tour par lesdites couches, 2 sont des étrésillons qui contre-buttent les couches.

Les fig. 6, 7, 8 et 9 représentent des cintres en charpente, dont l'usage est de soutenir les voûtes pendant leur construction. Ces cintres sont des espèces de fermes éloignées de 1 m. 60 c. au plus les unes des autres, et sur lesquelles on place des madriers ou couchis qui reçoivent la maçonnerie. Dans la fig. 6, d est l'entrait soutenu par les trois poteaux f placés dans une sablière g. b est le poinçon qui soutient, avec les deux fiches ou poinçon oblique a, les courbes d qui forment arbalétriers.

Dans les figures qui suivent, toutes les lettres de même nature indiquent les mêmes pièces de bois; par conséquent je n'en ferai pas le détail.

La fig. 7 est un cintre pour la construction d'une voûte en plein cintre. La fig. 8 est un étaiement ou cintre pour construire ou soutenir une arcade en pierre ou en moellons. k sont les couchis, h sont les pointals ou étais, m sont les cales, n est une couche haute, g est une couche basse ou sablière, o sont les étais. La fig. 9 est un cintre surbaissé pour la construction d'une voûte de cave.

La planche XXX donne deux exemples d'échafaudages dont toutes les pièces sont moisées et boulonnées. La fig. 1 est le plan de l'échafaudage fig. 2; la fig. 3 est le plan de l'échafaudage fig. 4. Ces deux échafaudages, posés sur des sablières placées horizontalement sur le terrain, sont composés de montants ou poteaux reliés entre eux par des longrines sur lesquelles se mettent les solives qui reçoivent le plancher.

La planche XXXI renferme les divers éléments qui servent aux fondations des ponts ou autres travaux hydrauliques. Les ponts se construisent sur des palées, c'est-à-dire sur la réunion de plusieurs files de pieux enfoncés et placés suivant le cours de l'eau du fleuve ou de la rivière. Ces pieux, qu'on nomme pilots, fig. 1, sont des pièces de bois en grume, qui sont armées, par le haut, d'une frette ou lien de fer plat et mince qui couronne leur tête, qui sont équarries pour entrer dans les moises, et que la frette empêche d'éclater sous les coups du mouton, et par le bas, d'un sabot en fer pour les enfoncer en terre. Les pilots peuvent être d'une seule pièce, comme l'indique la fig. 1; mais il est préférable de les faire de deux pièces, comme l'indiquent les fig. 2 et 3, parce qu'on moise les pièces supérieures a au-dessus de l'élévation des plus basses eaux, et elles sont entées sur les pièces inférieures b au moyen des moises c qui les retiennent, et sont destinées à recevoir les grillages ou plancher du pont. La fig. 2 représente la fig. 3 vue de profil. Les moises sont boulonnées et écrouées verticalement et horizontalement, comme du reste l'indiquent les fig. 2 et 3. Lorsqu'un fleuve ou une rivière exige, par la profondeur de ses eaux, que les rangées de pilots inférieurs soient doubles de ceux supérieurs, on espace les pilots inférieurs b de 1 mètre environ, on les renferme sur chaque ligne dans des moises e, fig. 4 et 5, et l'on superpose d'une file à l'autre des entre-toises f qui portent les pilots supérieurs a, fig. 4, dont la base est retenue par des moises g boulonnées avec les entre-toises f. Lorsque les pilotis ou réunion des pilots sont construits, soit par des pilots d'une seule pièce, soit par des pilots de deux pièces, serrés dans chaque file par des moises, on relie de nouveau la tête des pilots qui forment le contour des pilotis par des racineaux ou petites pièces de bois méplates assemblées et boulonnées, ou attachées sur la tête des pilots pour recevoir les madriers qui reçoivent le grillage, fig. 6, composé de longues pièces de bois qui se croisent carrément, et qui se posent sur les pilots pour y asseoir les fondements des piles du pont. Ces grillages se composent de longrines d'assemblage h, ou pièces qui forment le pourtour du grillage, et de traversines i ou traverses du grillage. k est une des traversines vue de profil.

Pour éviter aux palées la secousse que pourraient leur imprimer les glaçons qui viendraient se briser sur elles, on construit des brise-glace, fig. 8 et 9. Le brise-glace se compose de deux files de pilots qui viennent aboutir ensemble, comme l'indique le plan fig. 8 du brise-glace fig. 9; il se compose, en outre, d'une pièce de bois à angle aigu l, assemblée sur l'avant-bec du pont, et qui oppose son arête au cours de l'eau, de pilots droits o reliés entre eux par les moises n, et d'un rang supérieur de pilots inclinés p, retenus à leur tour par les moises m. La partie ponctuée des pilots inférieurs représente leur partie enfoncée dans le sol, et la ligne horizontale ponctuée la surface de l'eau qui vient se rompre sur la pièce l. La fig. 7 est une palplanche dont un des bouts est affûté en pointe pour être enfoncé en terre, et que l'on fait entrer dans les rainures des deux pieux voisins ou que l'on met à côté les unes des autres, et que l'on maintient ensemble par des moises, pour enclore dans l'eau la fondation de quelque ouvrage de maçonnerie ou par la construction d'un bâtardeau, d'une crèche, etc. La crèche est une enceinte que l'on fait autour du pied d'une pile ou d'une culée de pont, avec une file de pieux éloignés parallèlement de quelques pieds, et que l'on remplit de maçonnerie. Le bâtardeau est une étendue de palplanches ou pilots garnis de terre grasse pour empêcher l'eau de pénétrer en deçà.

La planche XXXII est un exemple de pont. La fig. 1 est l'élévation de ce pont, la fig. 2 en est le plan, la fig. 3 la coupe prise au milieu dudit pont. A, fig.    , est une poutre soutenant les madriers qui forment le plancher. B sont des sous-poutres qui servent à donner une plus grande force à la poutre A. C sont des contre-fiches destinées à maintenir les poutres et sous-poutres. D sont des moises pendantes qui relient les poutres avec les contre-fiches. F sont des moises horizontales reliant entre elles les contre-fiches et les moises pendantes.

La planche XXXIII indique le plan fig. 2, l'élévation fig. 3, et le détail d'une arche du pont, fig. 1, élevé sur la Seine, à Grenelle, près Paris. Ce pont est construit au moyen de sept fermes, composées chacune de trois cours de cintres a, réunis par des entre-toises moisées b et par des moises pendantes d. Les poutres sont indiquées par la lettre e et les sous-poutres par la lettre f. Sur le plan fig. 2, la lettre h indique la forme de sable sur laquelle on pose le pavé du pont.

La planche XXXIV est un pont soutenu par quatre fermes, reliées chacune par une croix de Saint-André a, fig. 4. La fig. 1 est l'élévation de ce pont, la fig. 2 en est le plan, et la fig. 3 est le plan de la fig. 4. La fig. 5 est une coupe transversale dudit pont, qui est composé de trois arches.

La planche XXXV est un ensemble de charpente pour construction de tribunes dans une fête publique. La fig. 1 est le plan, la fig. 2 une portion d'élévation, et la fig. 3 la coupe faite contre le pavillon du milieu.

Les planches XXXVI, XXXVII et XXXVIII renferment divers exemples de combles exécutés dans des monuments publics.

Paris. Imprimerie de L. Martinet, rue Mignon, 2.

Pl. 1.

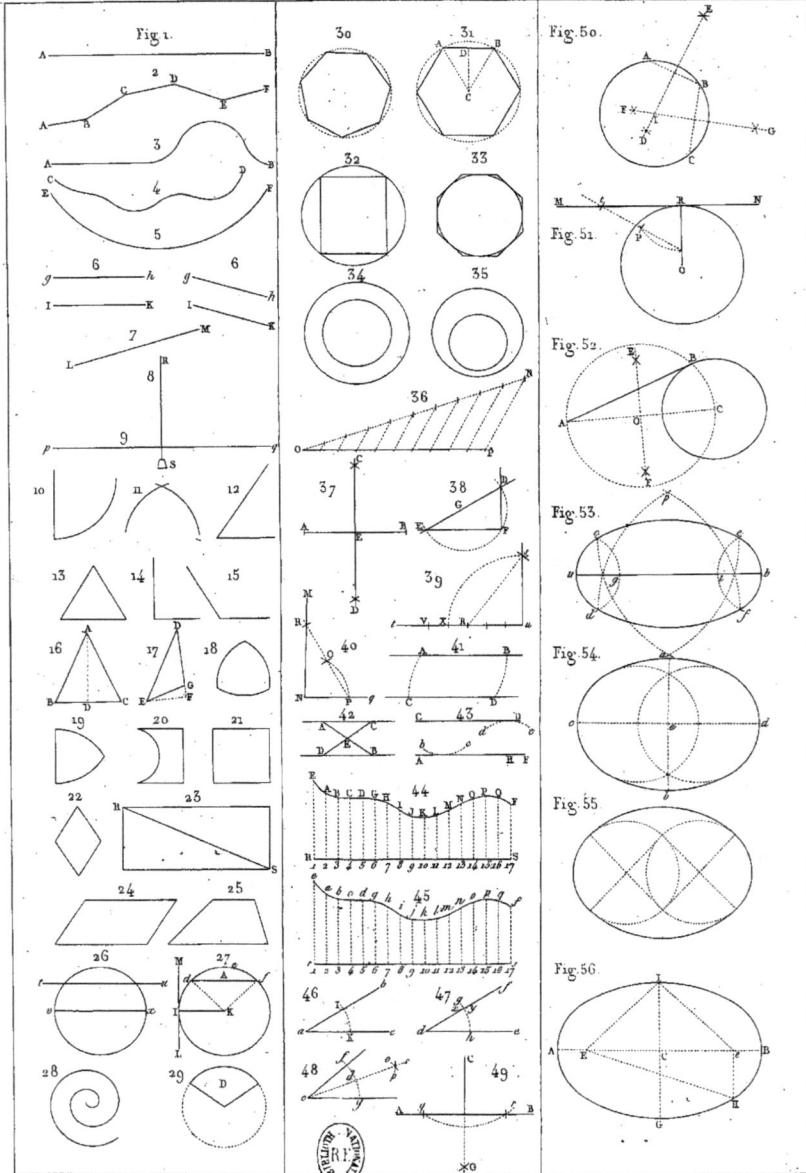

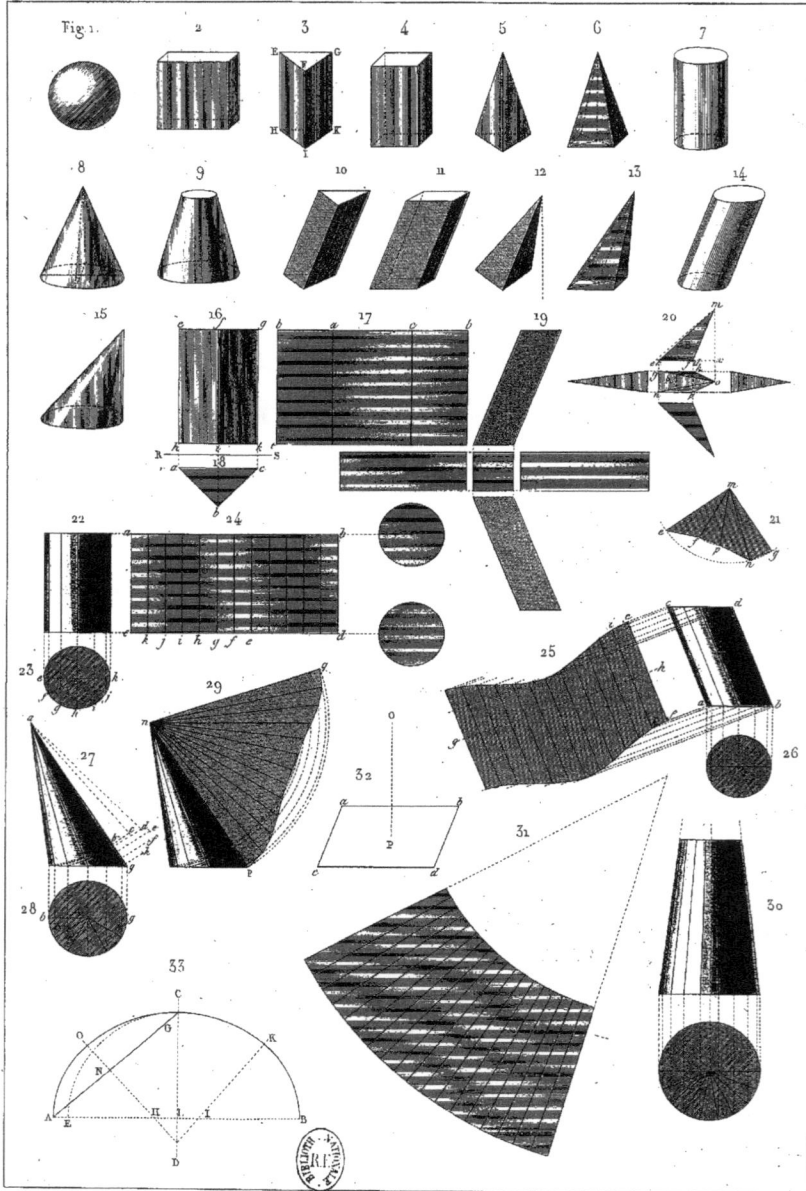

Fig.1.

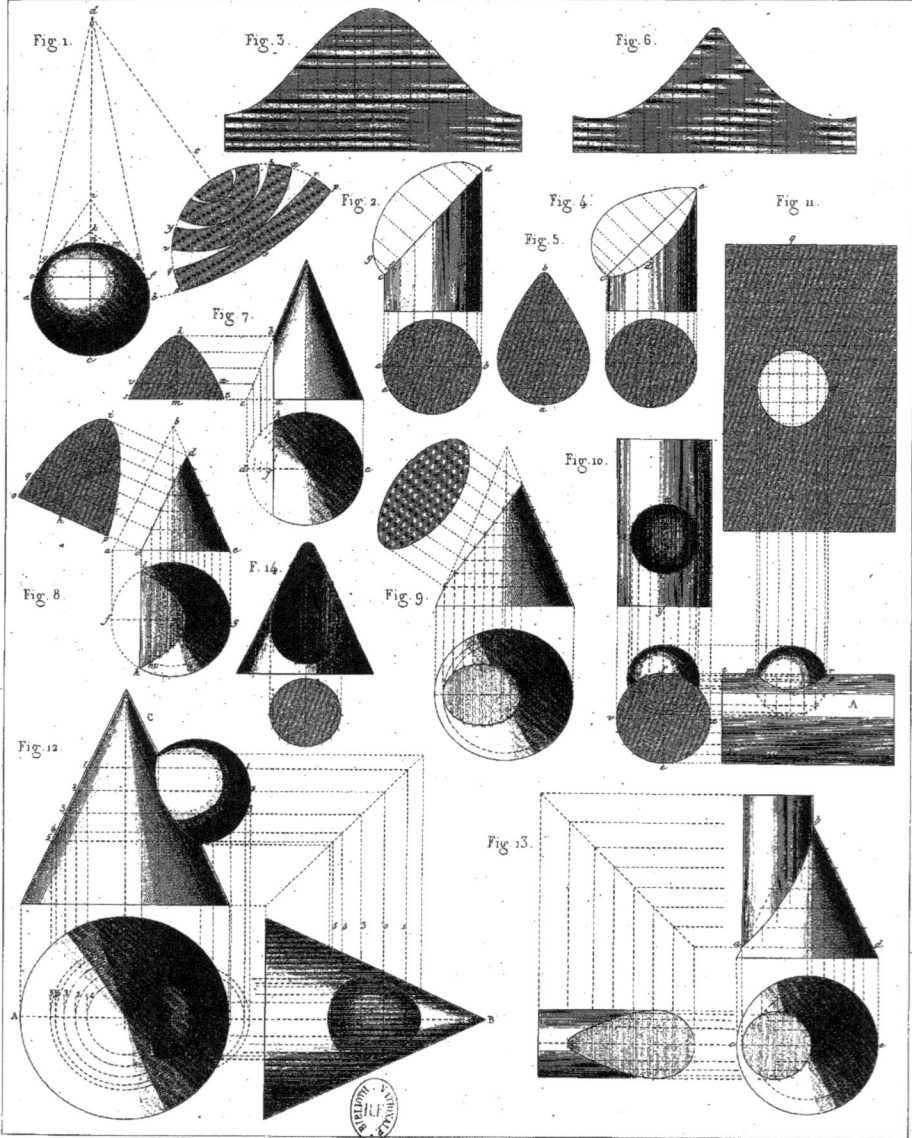

Fig. 1. Fig. 2. Fig. 3. Fig. 4. Fig. 5. Fig. 6. Fig. 7. Fig. 8. Fig. 9. Fig. 10. Fig. 11. Fig. 12. Fig. 13. F. 14.

ASSEMBLAGES

Pl. 4.

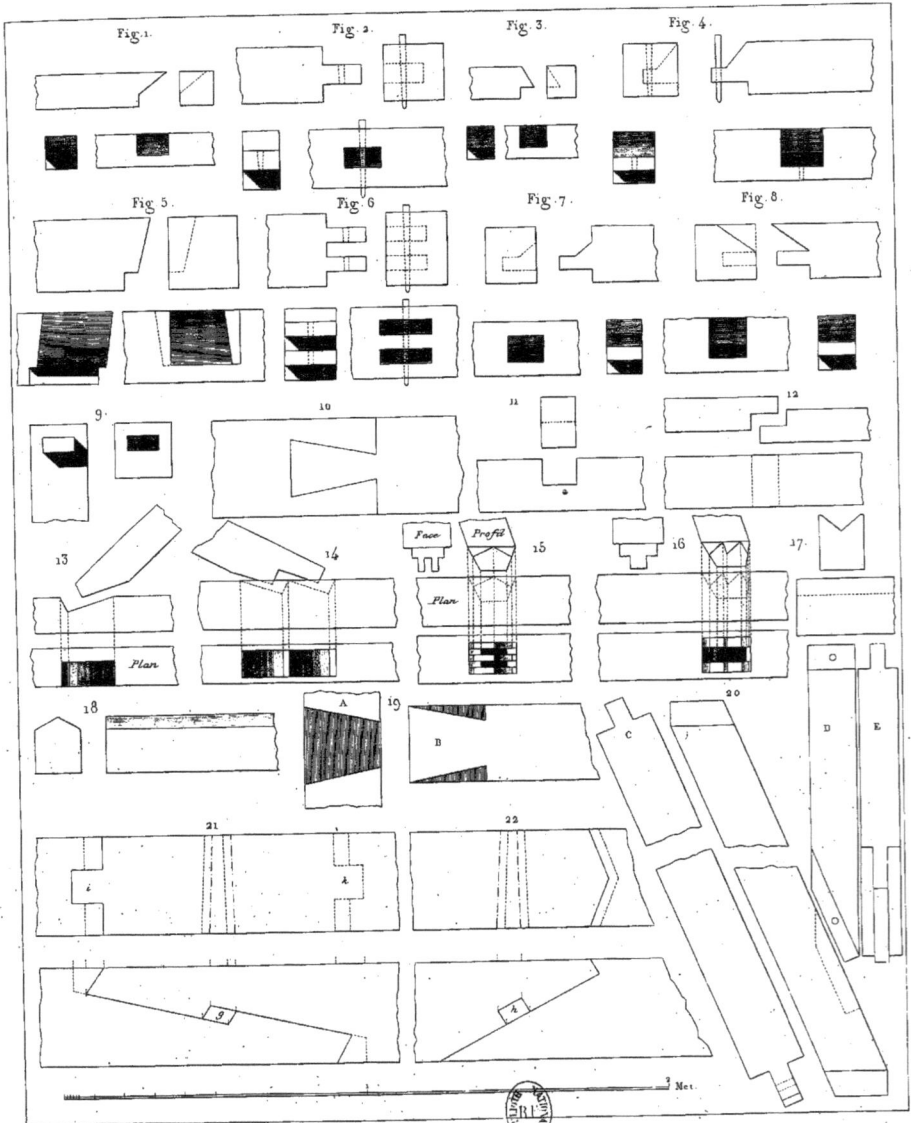

Fig. 1. Fig. 2. Fig. 3. Fig. 4.

Fig. 5. Fig. 6. Fig. 7. Fig. 8.

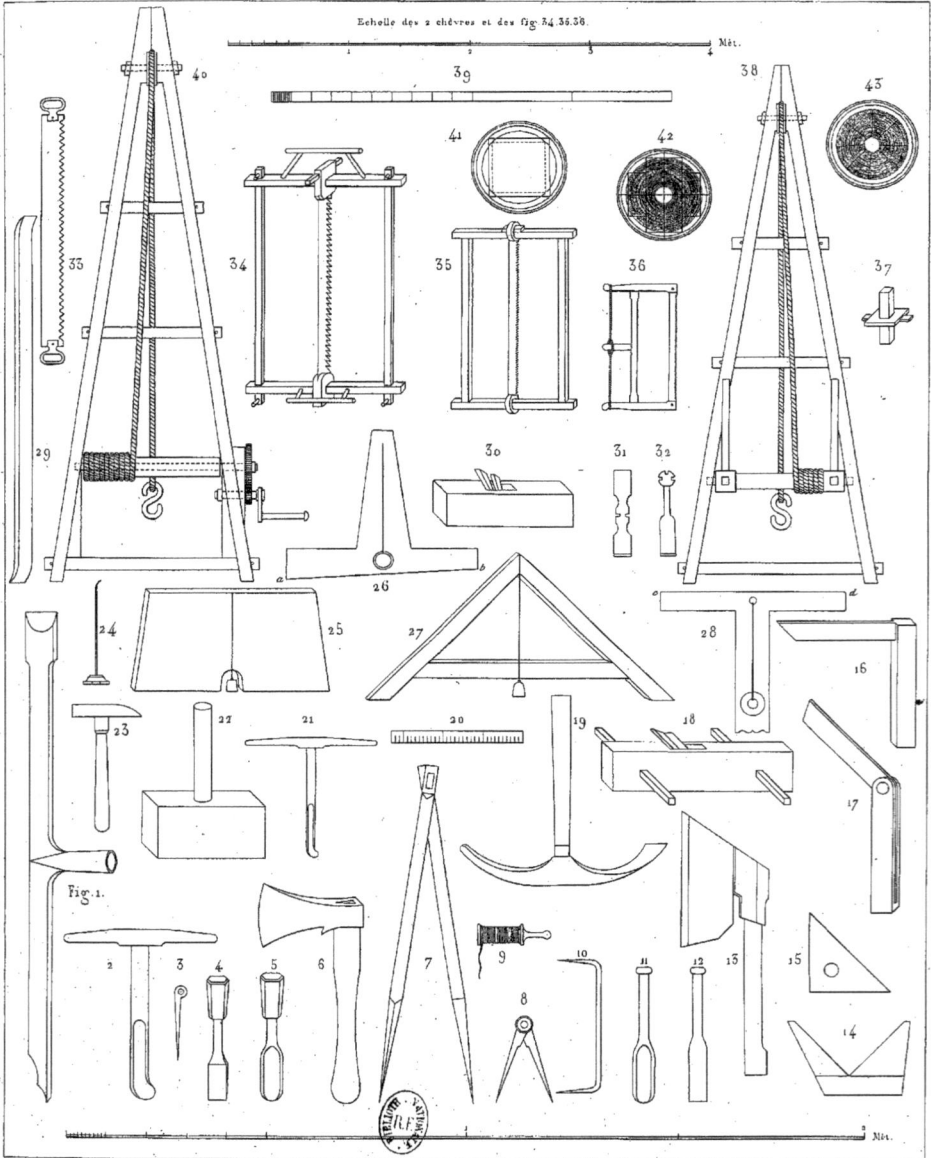

Echelle des 2 chèvres et des fig. 34.36.38.

39

40

38

43

41

42

33

34

35

36

37

29

30

31

32

26

24

25

27

28

16

23

27

21

20

19

18

17

Fig. 1.

2

3

4

5

6

7

9

10

11

12

13

15

14

8

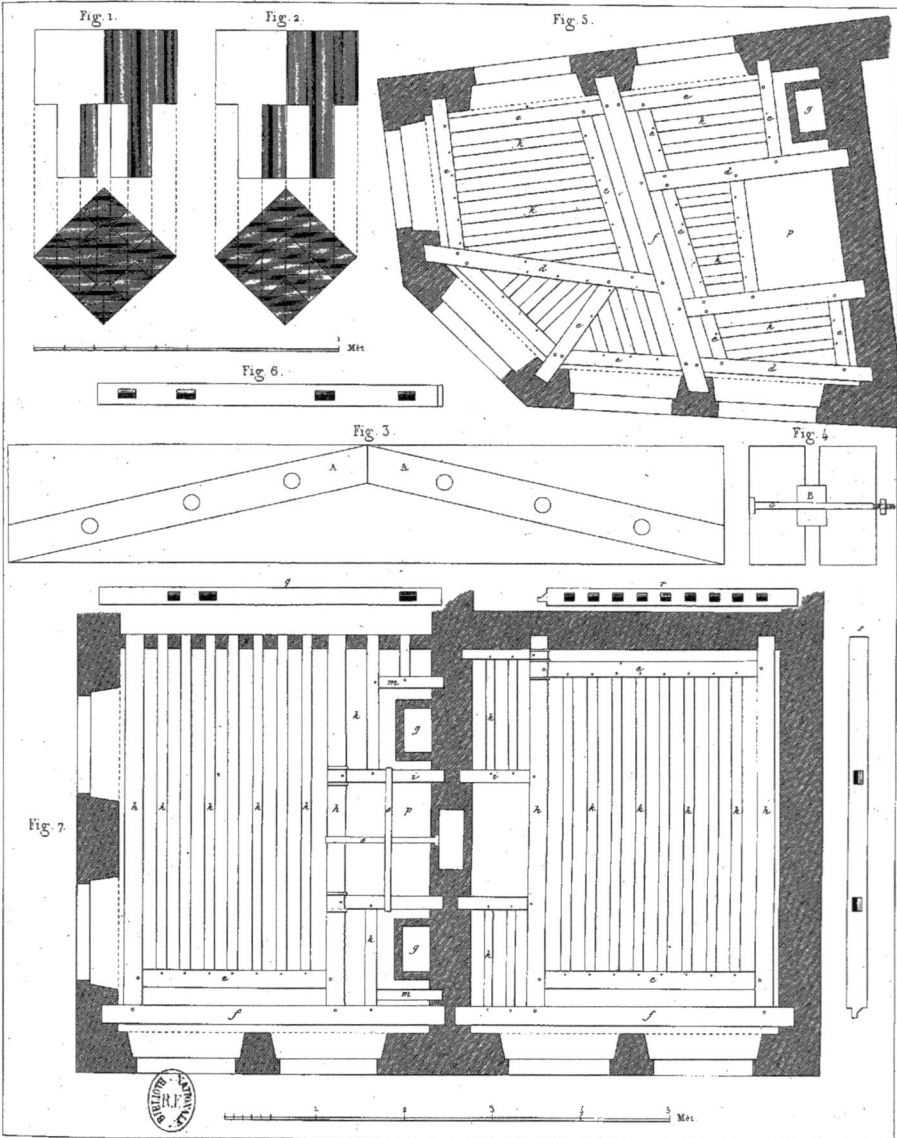

Fig. 1.

Fig. 2.

Fig. 5.

Mèt.

Fig. 6.

Fig. 3.

Fig. 4.

Fig. 7.

Mèt.

Fig. 1.

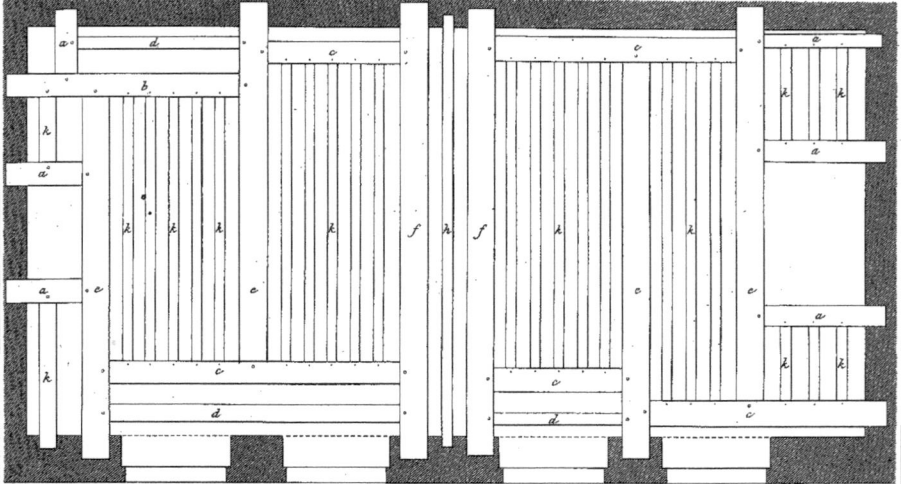

Fig. 3.

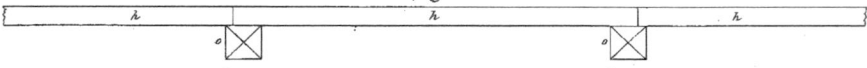

Fig. 2.

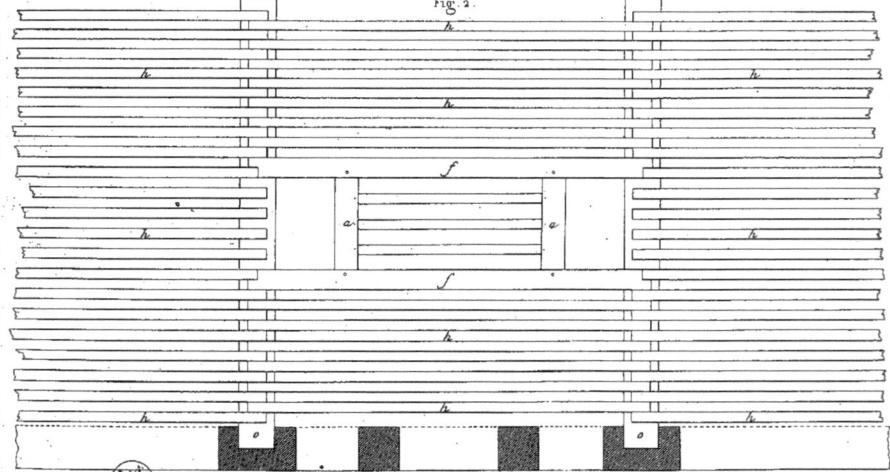

Mètres

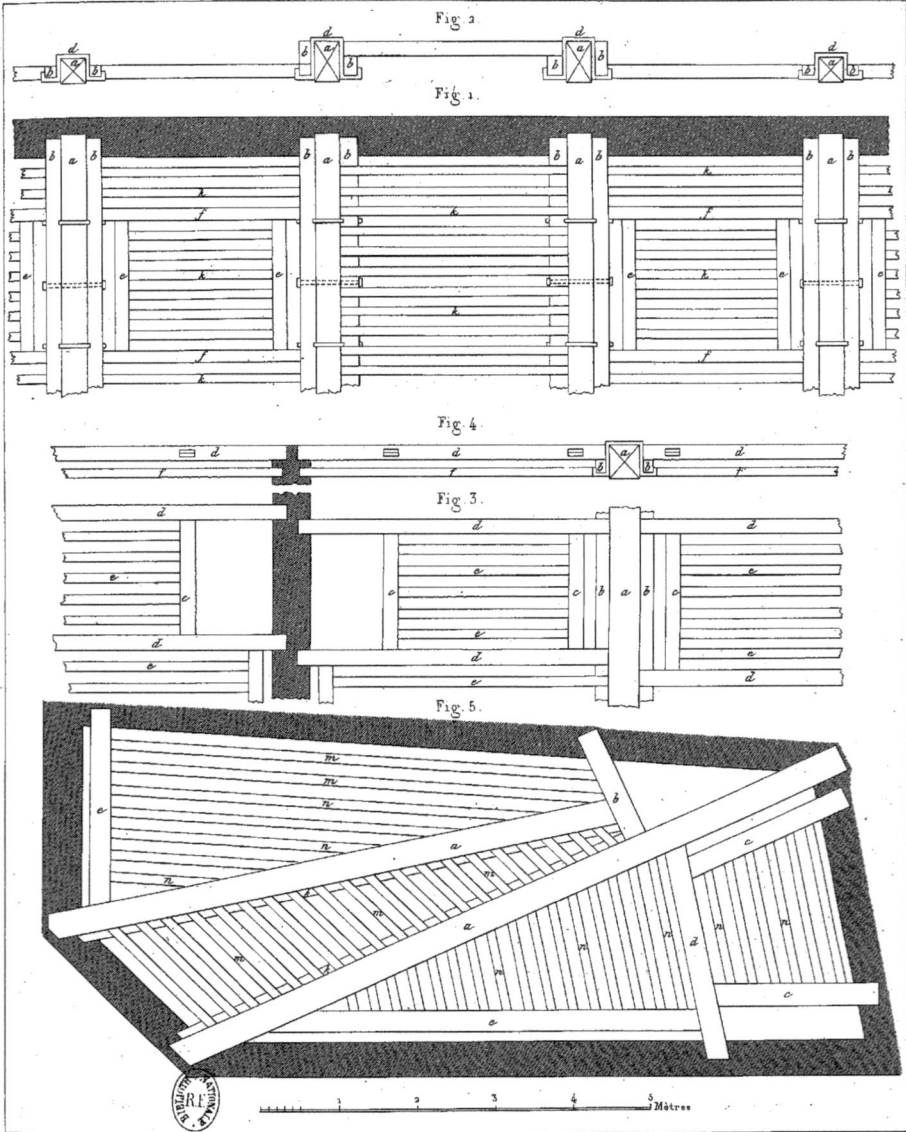

Fig. 2.

Fig. 1.

Fig. 4.

Fig. 3.

Fig. 5.

Mètres

Fig. 2.

Fig. 3.
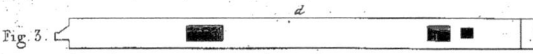

Fig. 5.
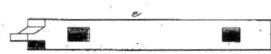

Fig. 4.
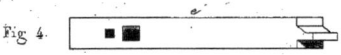

Fig. 6.
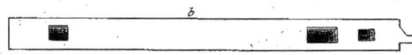

Fig. 1.

Mètres

Sablière

Poteaux

Décharge

Décharge

Tournisse

Lien cintré

Linteau en plan

id. id.

Linteau de face

Décharge

Tournisse

Pose

Profil

A

Échelle des Détails

C

B

10 M.

Pl. 11.

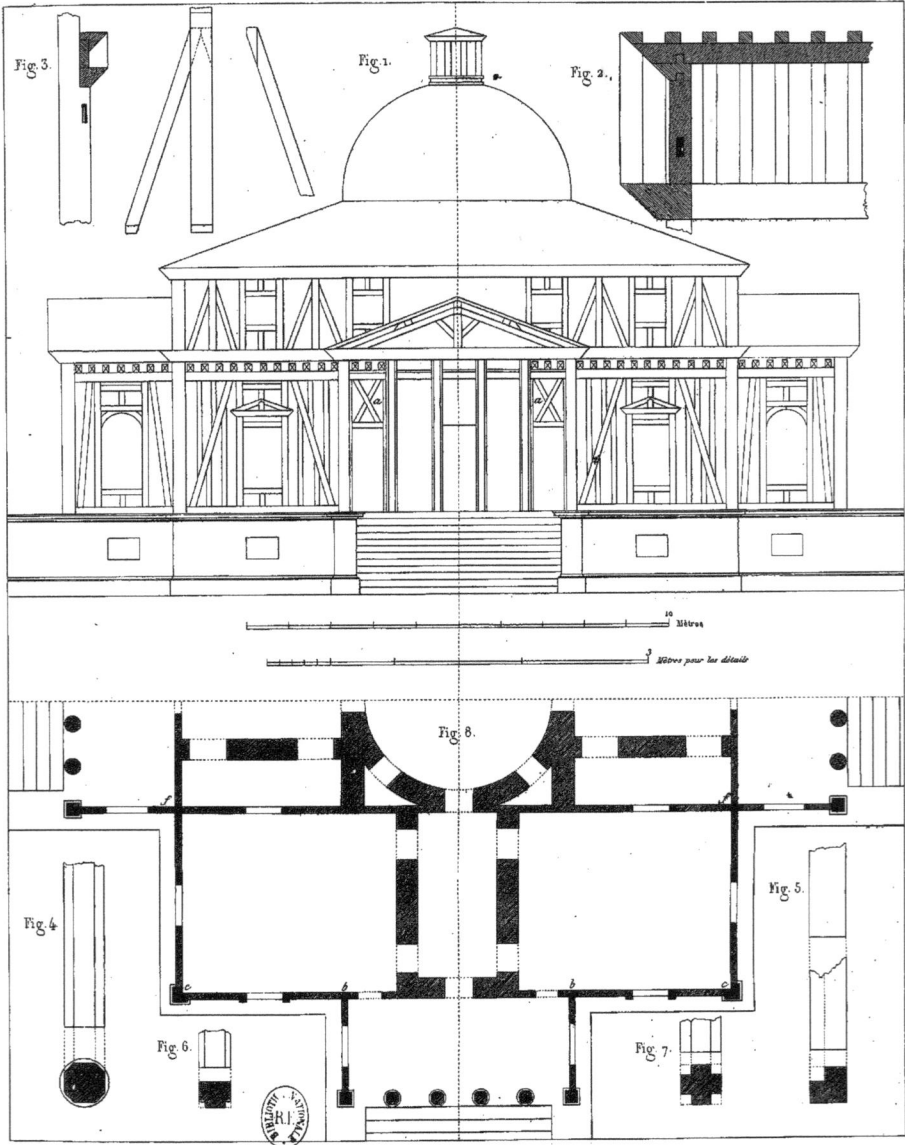

Fig. 3.

Fig. 1.

Fig. 2.

Fig. 8.

Fig. 4.

Fig. 5.

Fig. 6.

Fig. 7.

B

A

Mètres

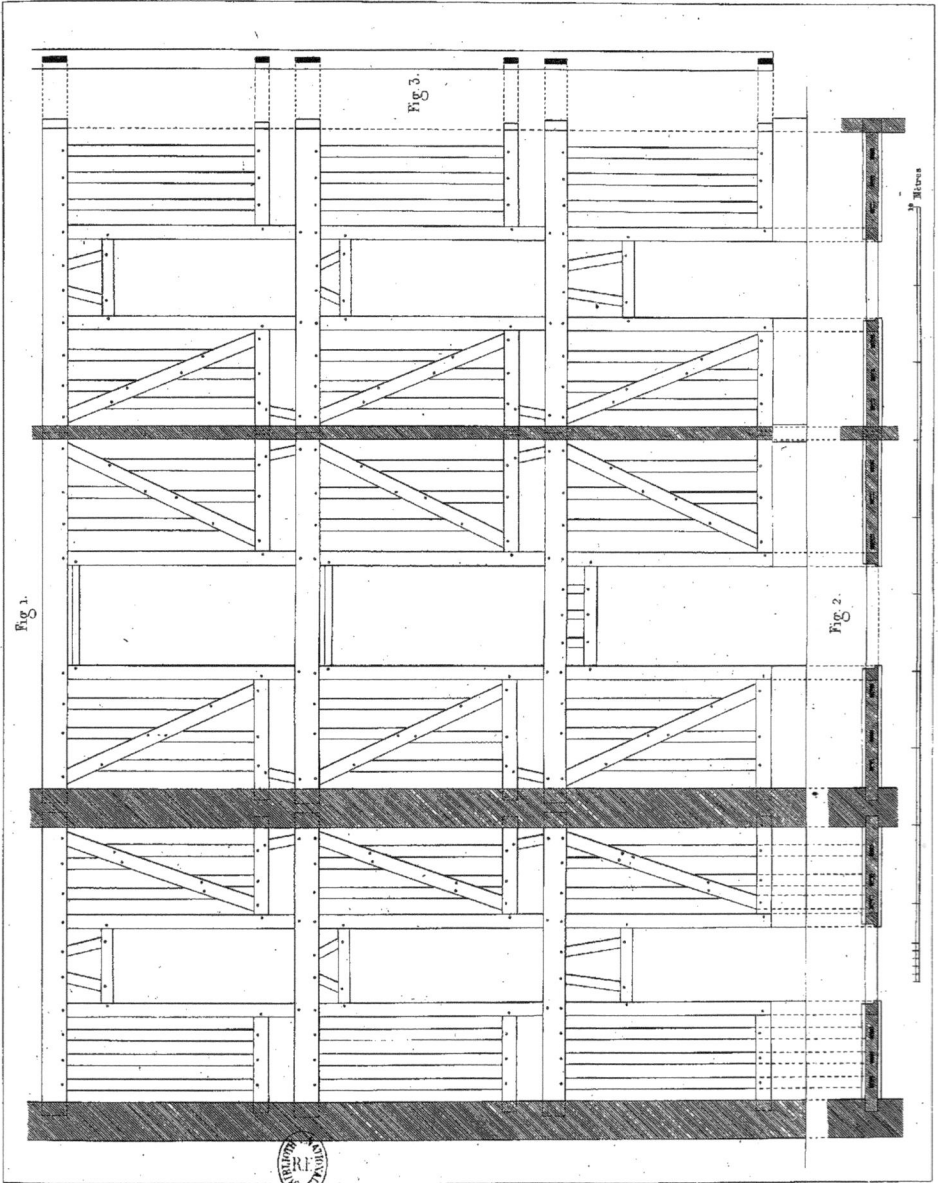

Pl. 13.

Fig. 3.

Fig. 1.

Fig. 2.

Fig. 1.

Fig. 2.

Fig. 3.

Mètres

Fig. 2.

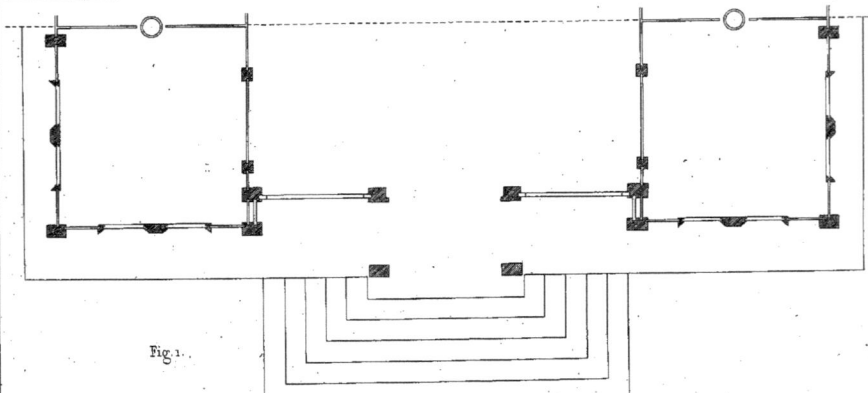

Fig. 1.

Mètres

Fig. 1.

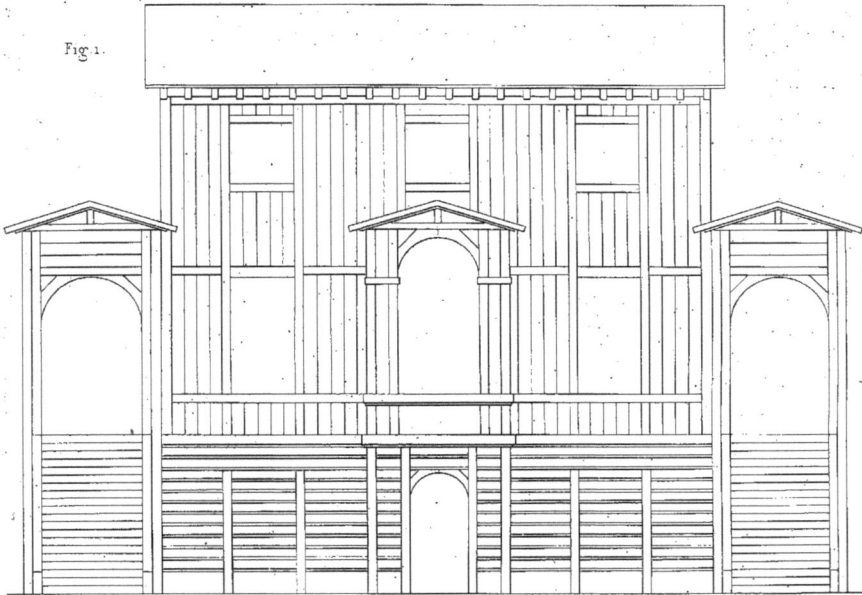

Fig. 2.

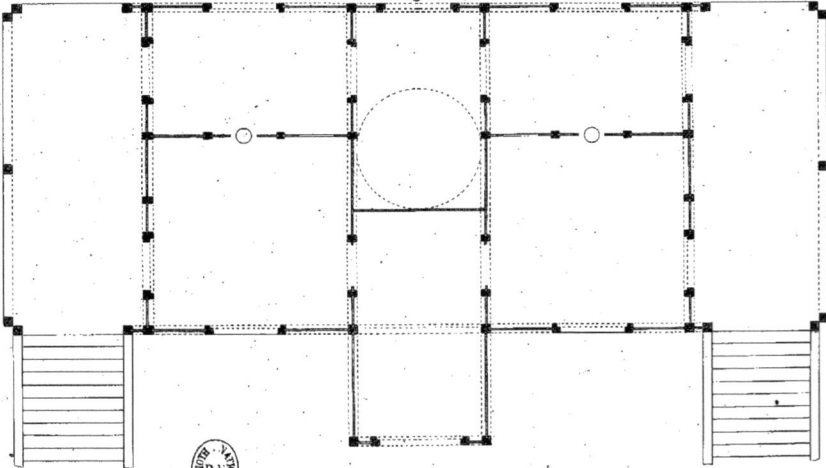

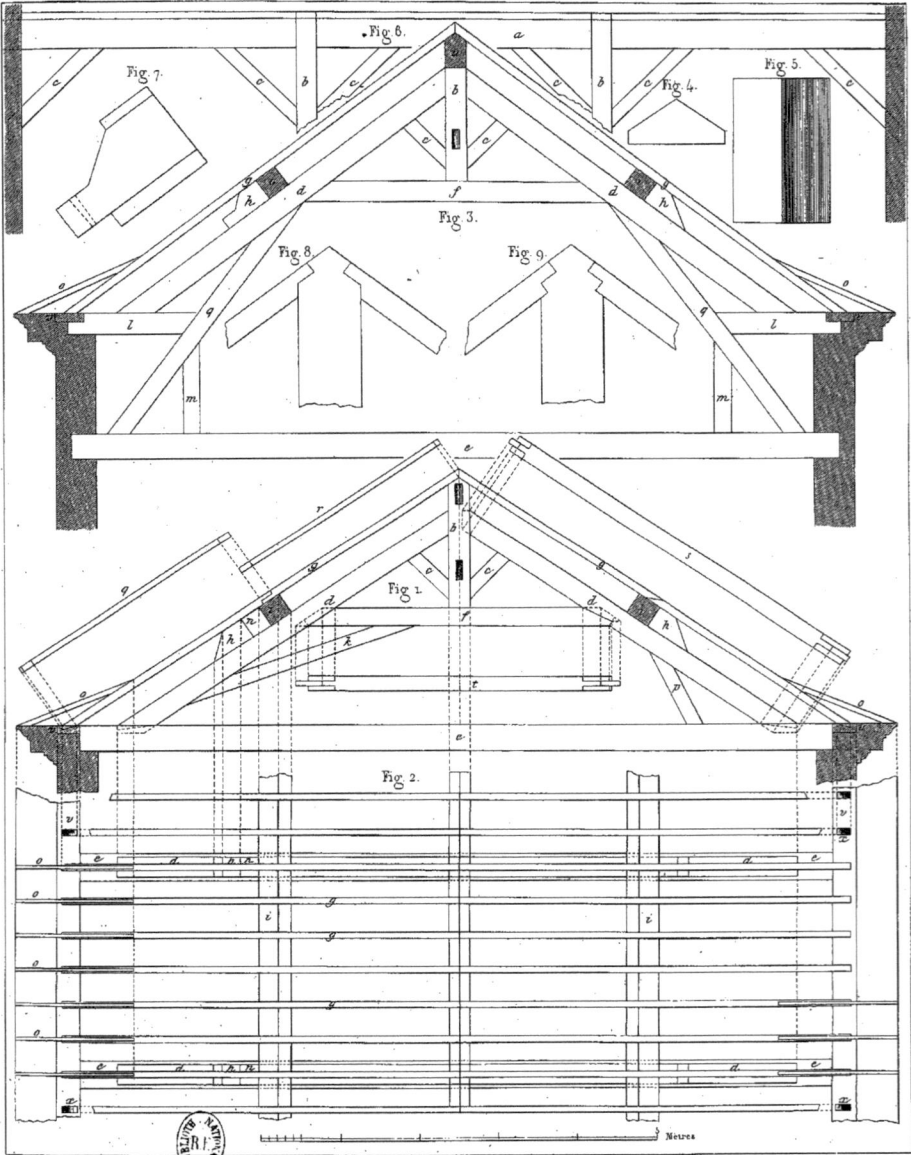

Fig. 7.

Fig. 6.

Fig. 4.

Fig. 5.

Fig. 3.

Fig. 8.

Fig. 9.

Fig. 1.

Fig. 2.

Mètres

Pl. 18.

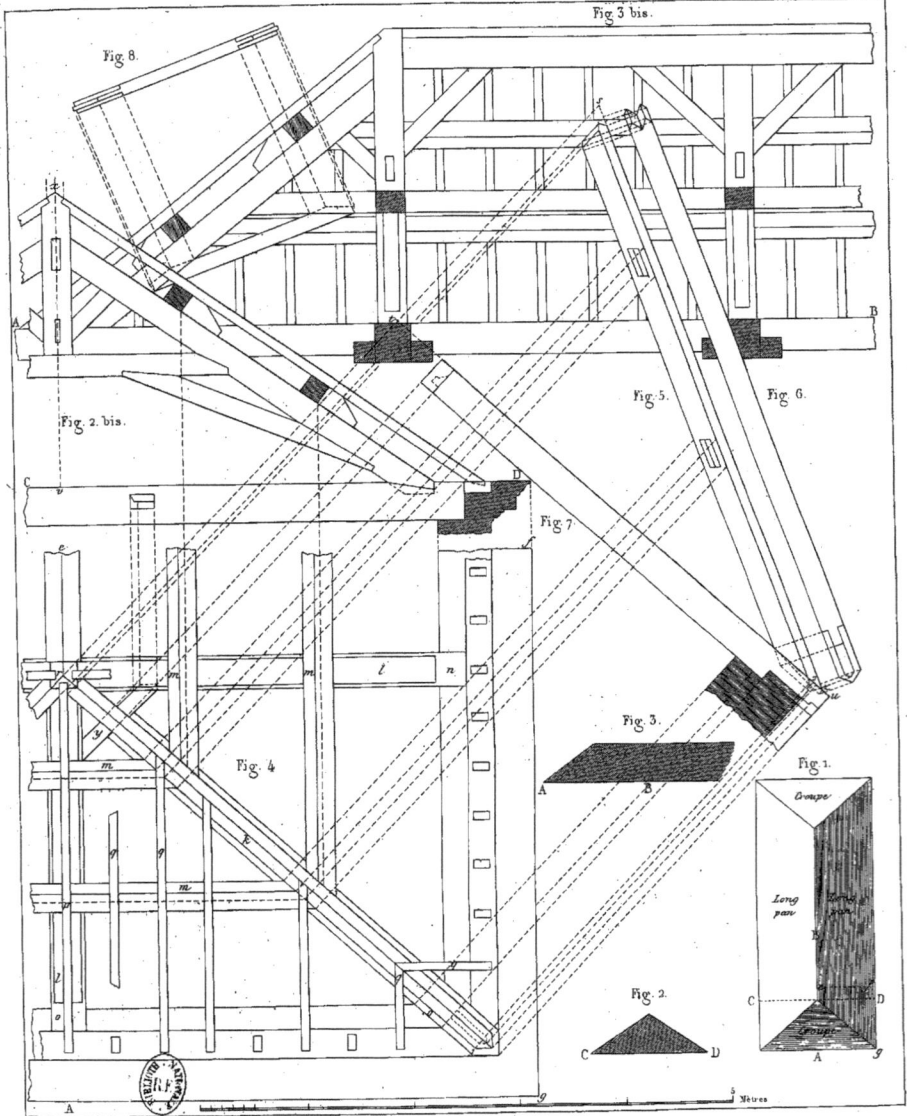

Fig. 3 bis.

Fig. 8.

Fig. 2. bis.

Fig. 5.

Fig. 6.

Fig. 7.

Fig. 3.

Fig. 4.

Fig. 1.

Croupe

Long pan

Croupe

Fig. 2.

5 Mètres

Pl. 19.

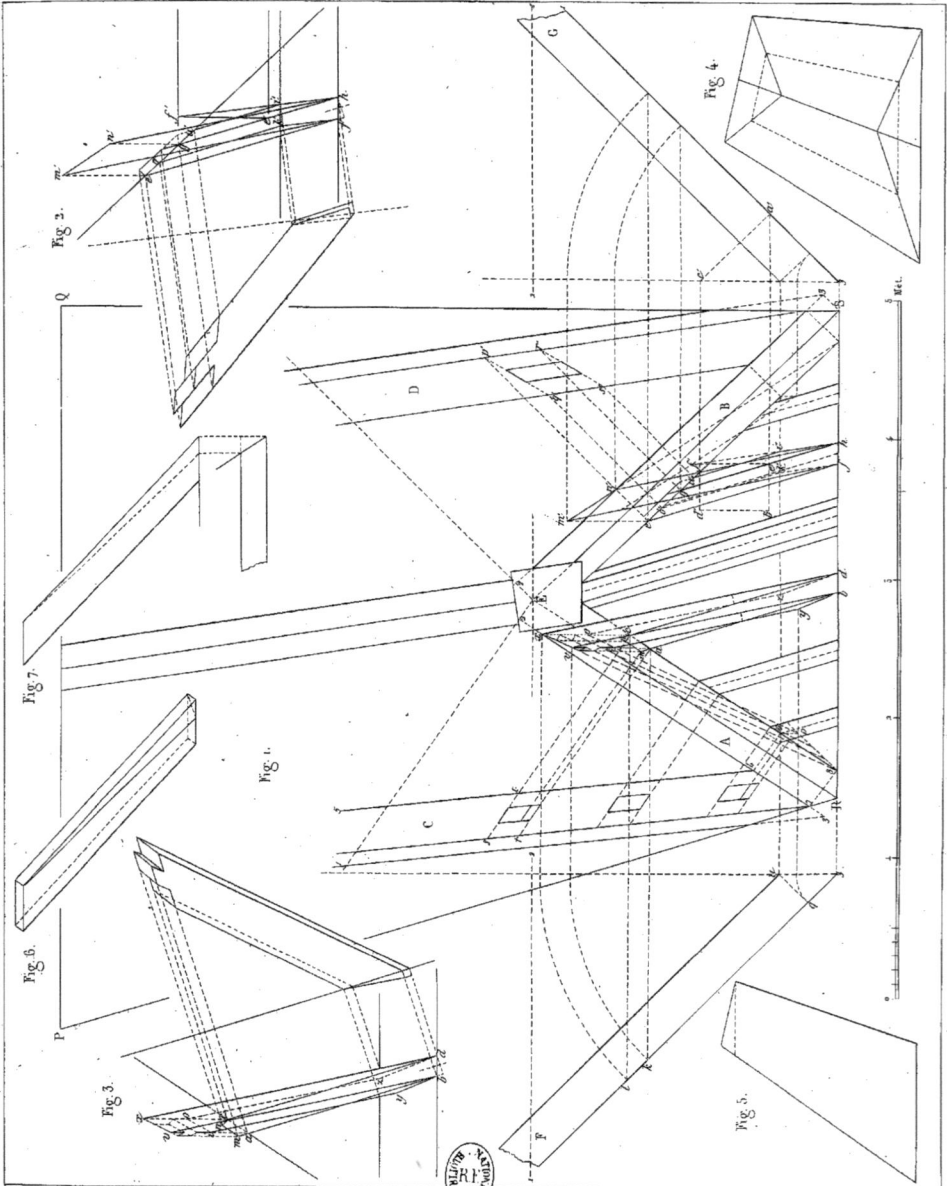

Fig. 1.

Fig. 2.

Fig. 3.

Fig. 4.

Fig. 5.

Fig. 6.

Fig. 7.

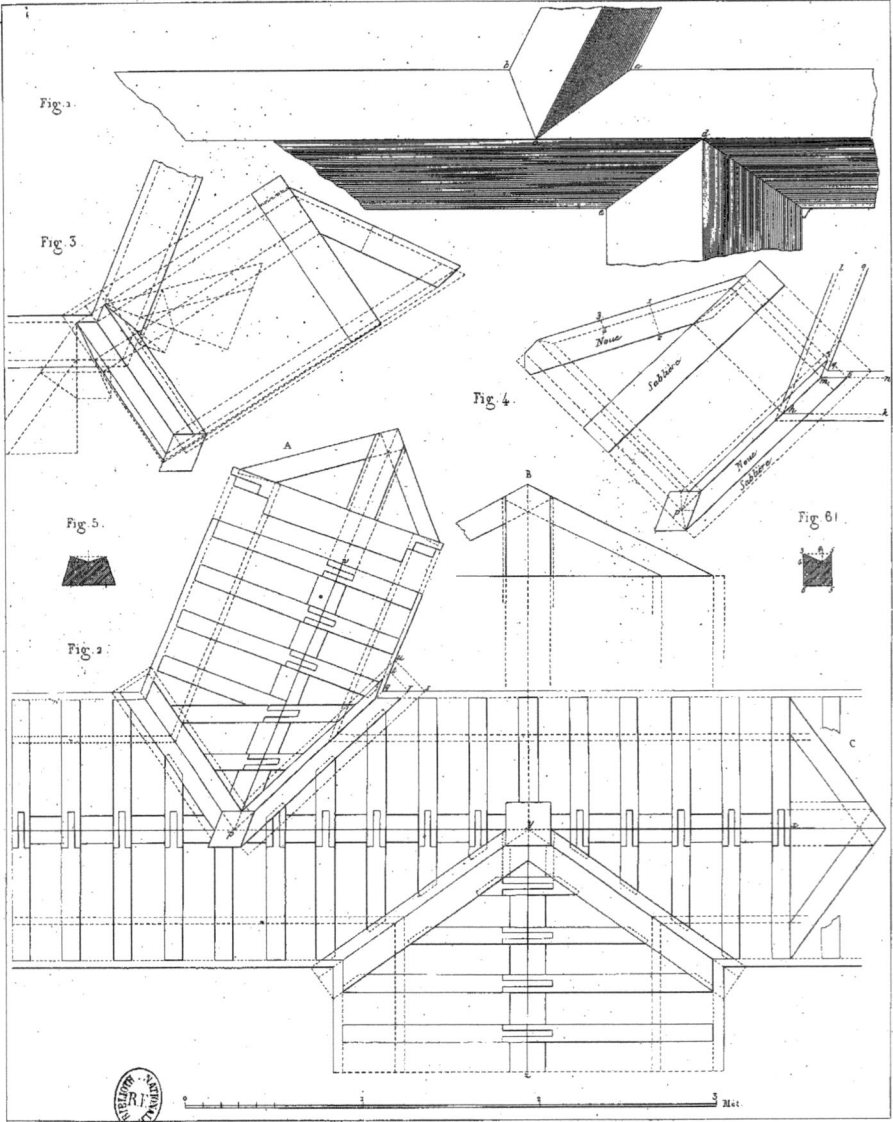

Pl. 20.

Fig. 1.

Fig. 3.

Fig. 4.

Fig. 5.

Fig. 6.

Fig. 2.

Noue

Sablière

Noue

Sablière

A

B

C

Mèt.

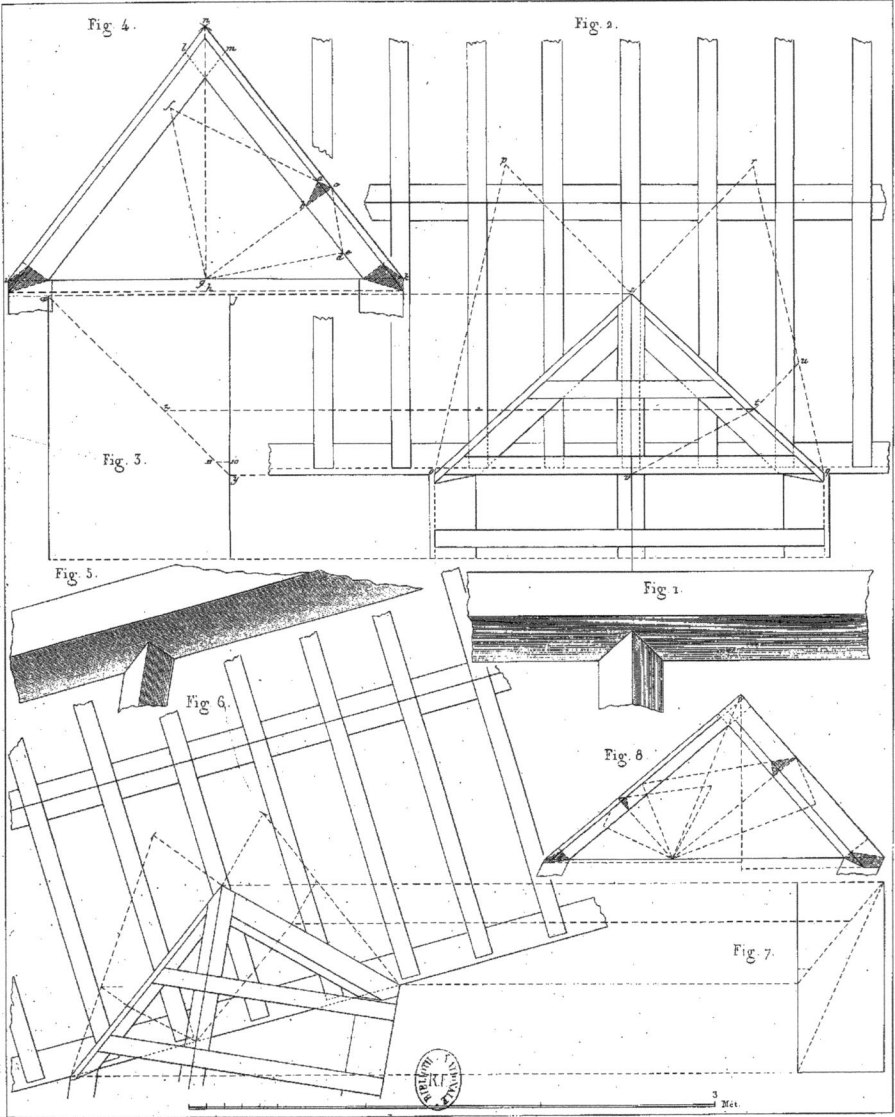

Fig. 4.

Fig. 2.

Fig. 3.

Fig. 5.

Fig. 1.

Fig. 6.

Fig. 8.

Fig. 7.

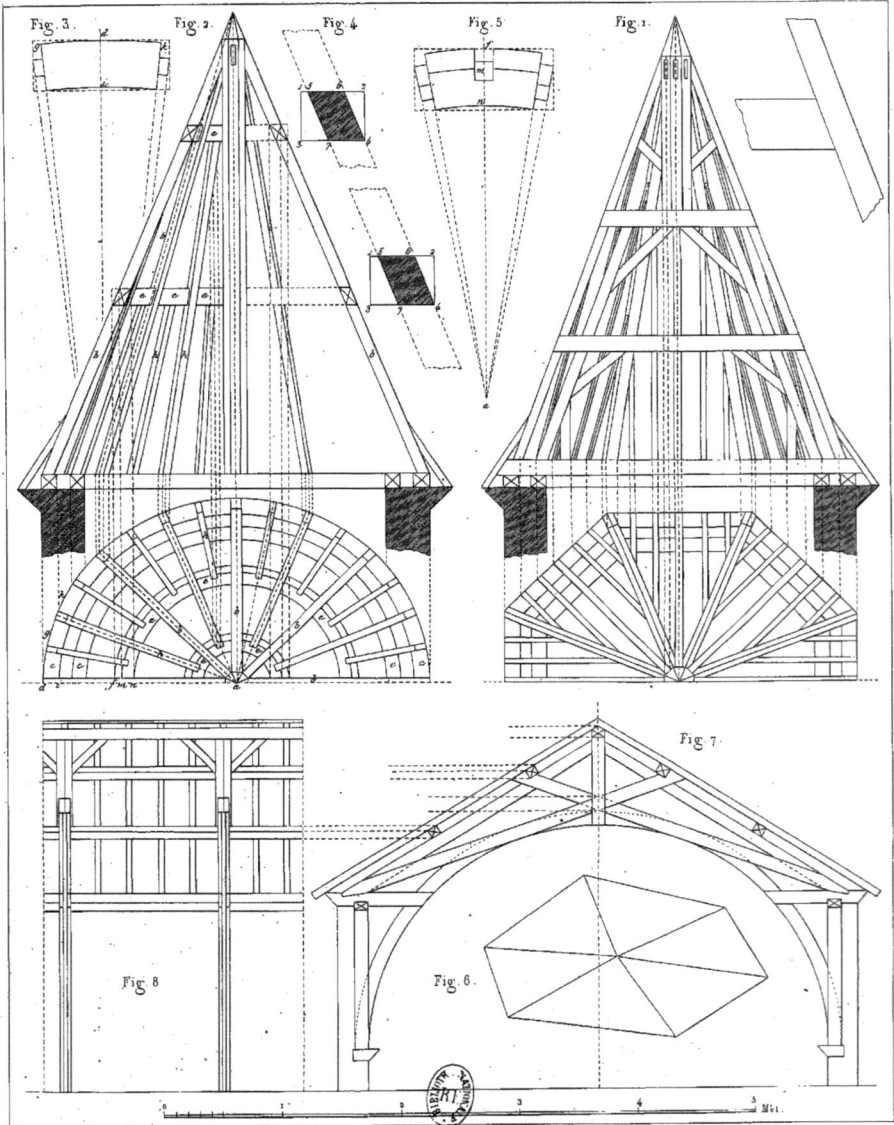

Fig. 3.

Fig. 2.

Fig. 4.

Fig. 5.

Fig. 1.

Fig. 7.

Fig. 8

Fig. 6.

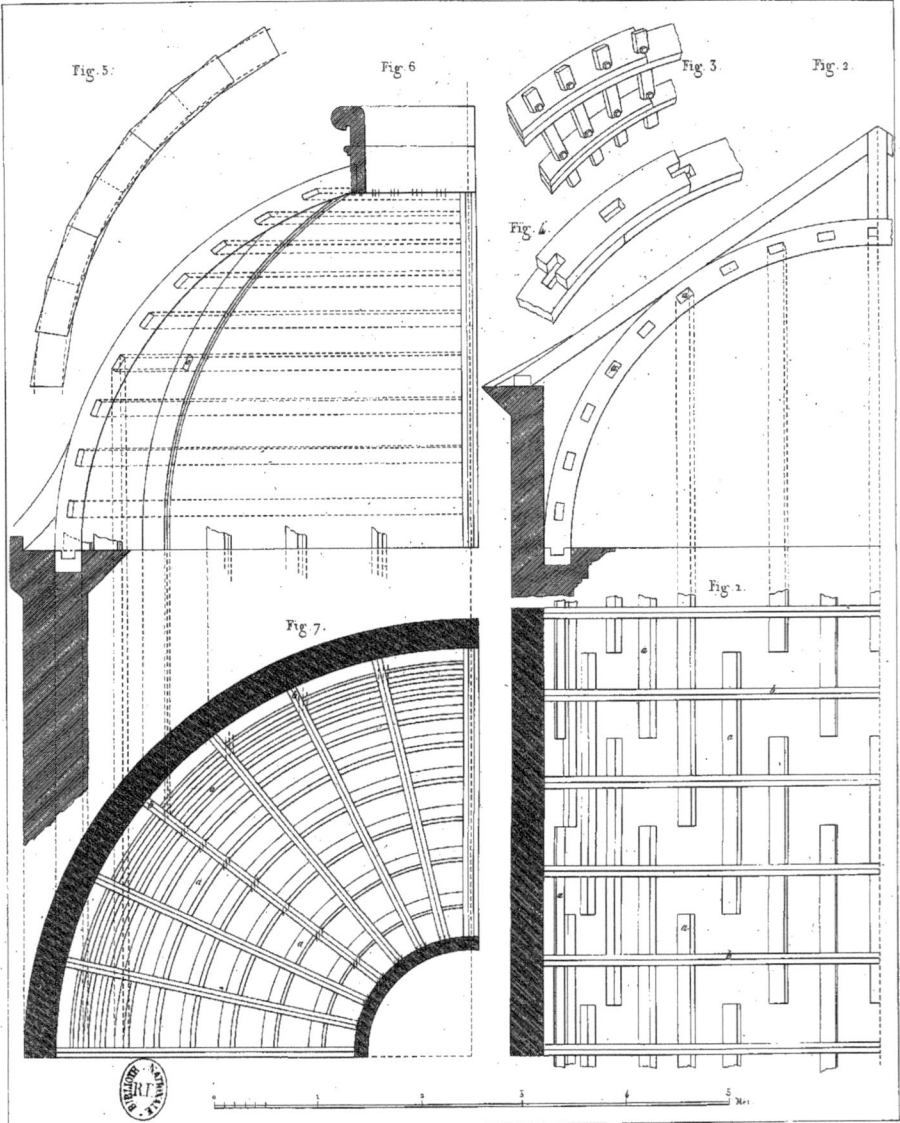

Fig. 5.

Fig. 6

Fig. 3.

Fig. 2.

Fig. 4.

Fig. 1.

Fig. 7.

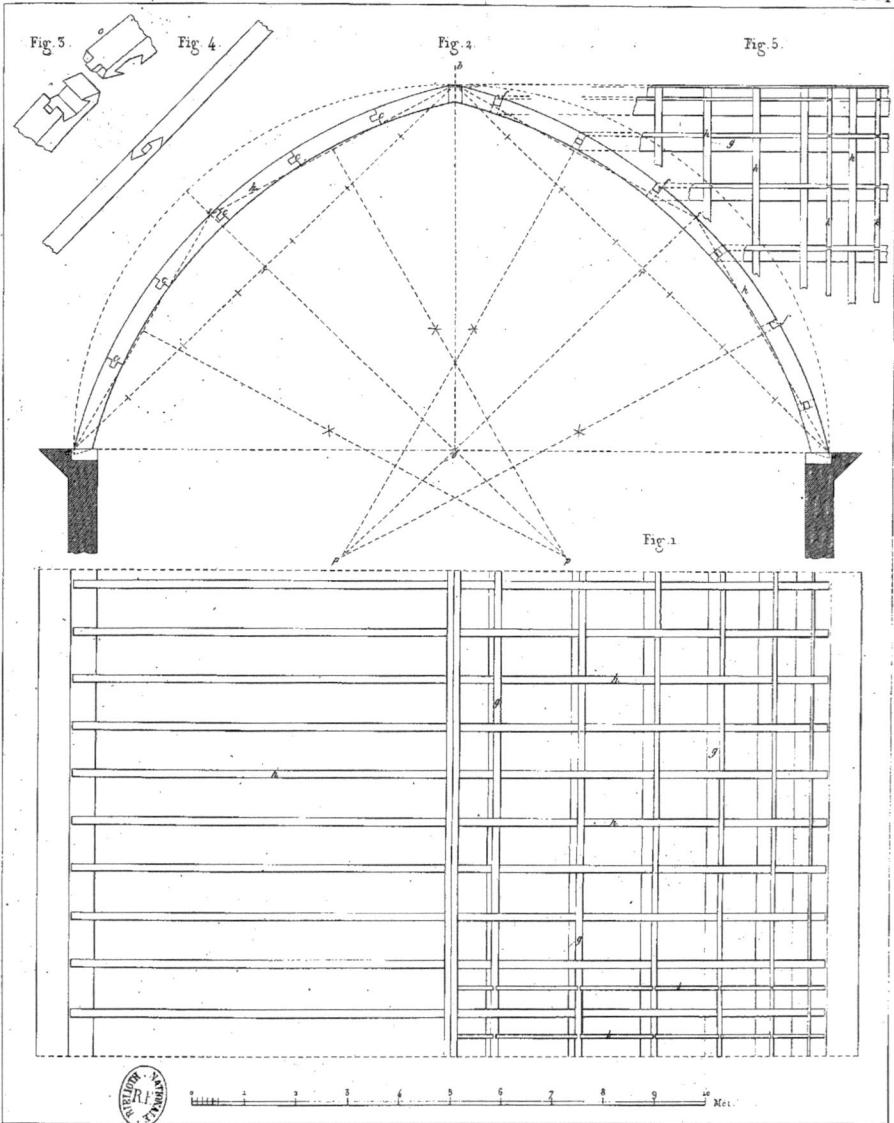

Fig. 3.    Fig. 4.    Fig. 2.    Fig. 5.

Fig. 1.

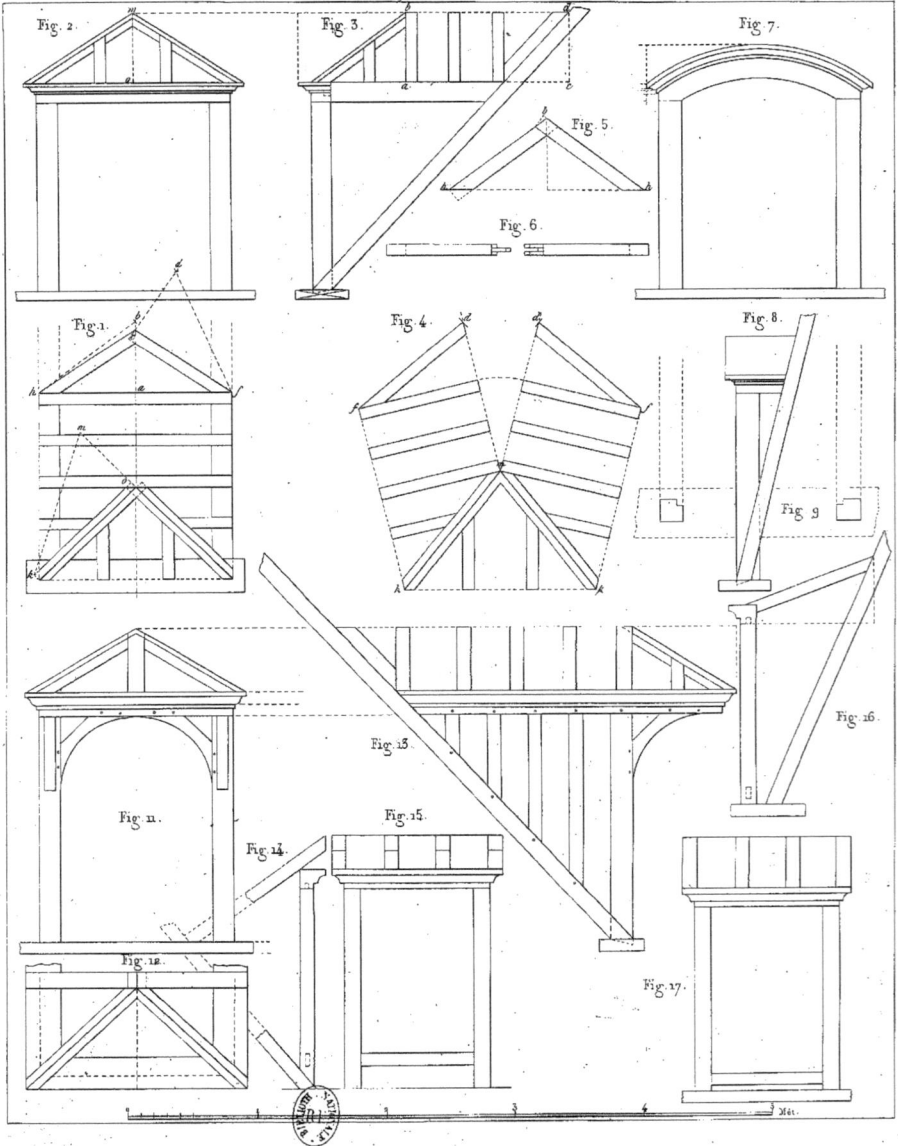

Fig. 2.    Fig. 3.    Fig. 7.

Fig. 5.

Fig. 6.

Fig. 1.    Fig. 4.    Fig. 8.

Fig. 9.

Fig. 16.

Fig. 13.

Fig. 11.

Fig. 14.    Fig. 15.

Fig. 12.

Fig. 17.

Mét.

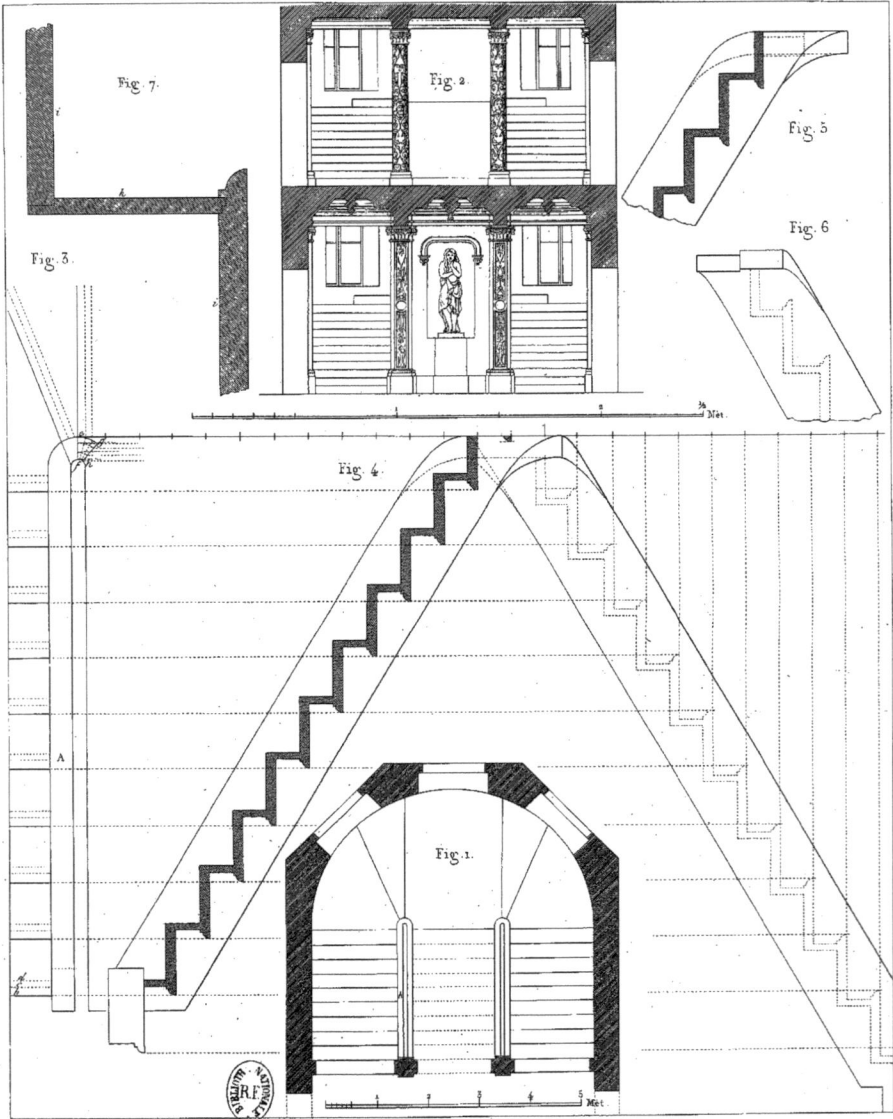

Fig. 7.

Fig. 2.

Fig. 5.

Fig. 6.

Fig. 3.

Fig. 4.

Fig. 1.

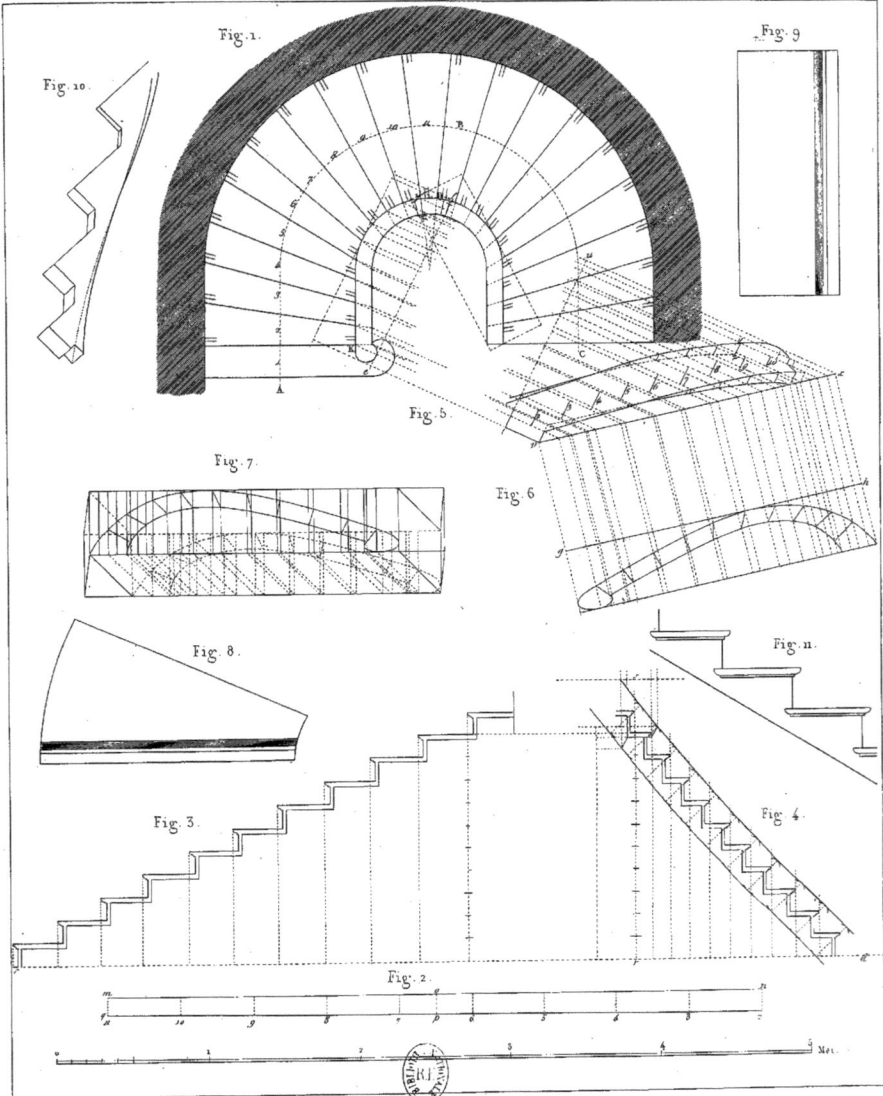

Fig. 1.

Fig. 10.

Fig. 9.

Fig. 5.

Fig. 7.

Fig. 6.

Fig. 8.

Fig. 11.

Fig. 3.

Fig. 4.

Fig. 2.

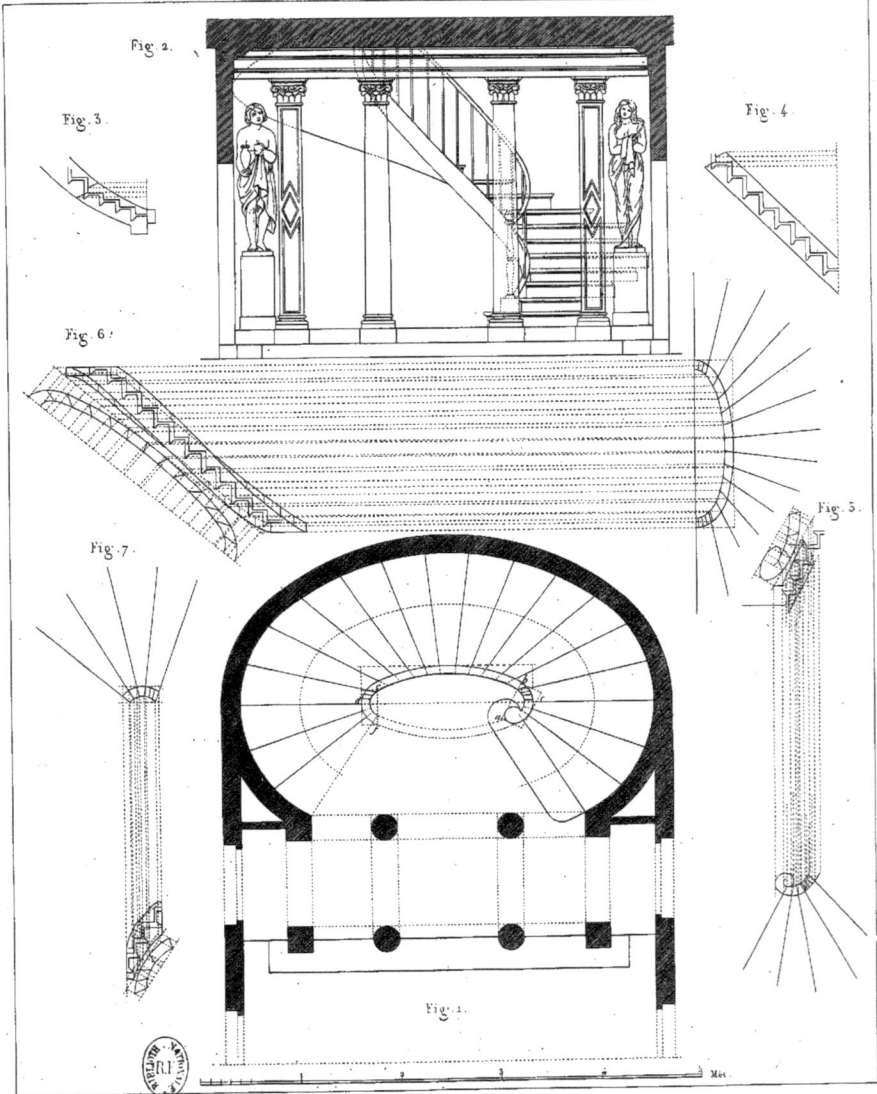

Fig. 2.

Fig. 3.

Fig. 4.

Fig. 6.

Fig. 7.

Fig. 5.

Fig. 1.

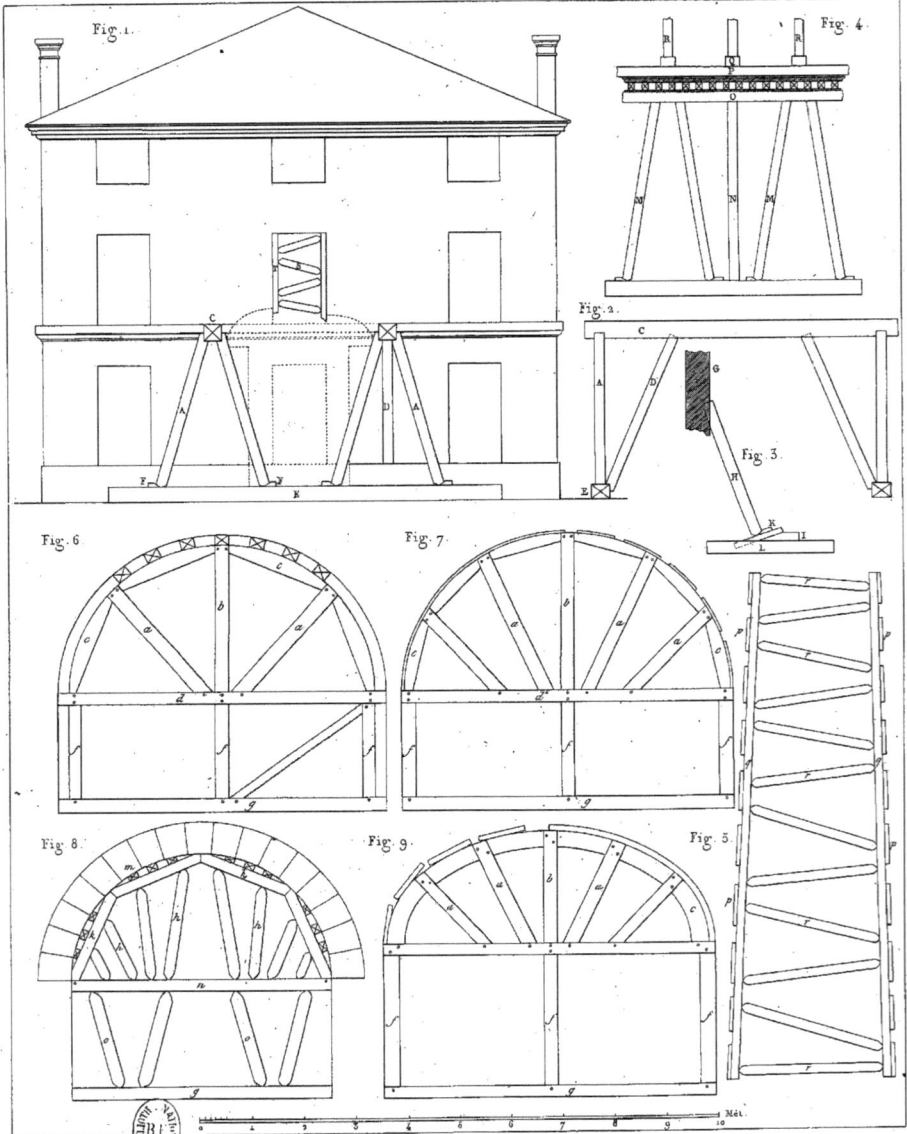

Fig. 1.
Fig. 4.
Fig. 2.
Fig. 3.
Fig. 6.
Fig. 7.
Fig. 8.
Fig. 9.
Fig. 5.

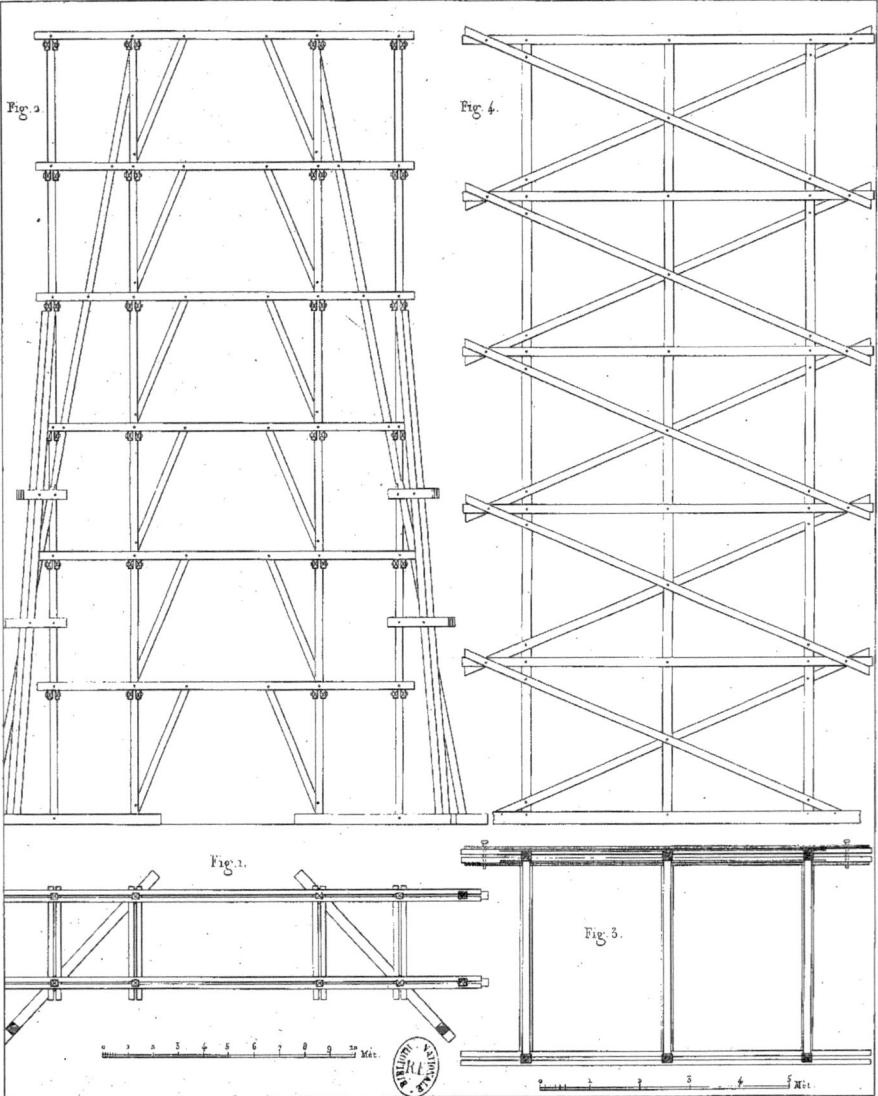

Fig. 2.

Fig. 4.

Fig. 1.

Fig. 3.

Pl. 31

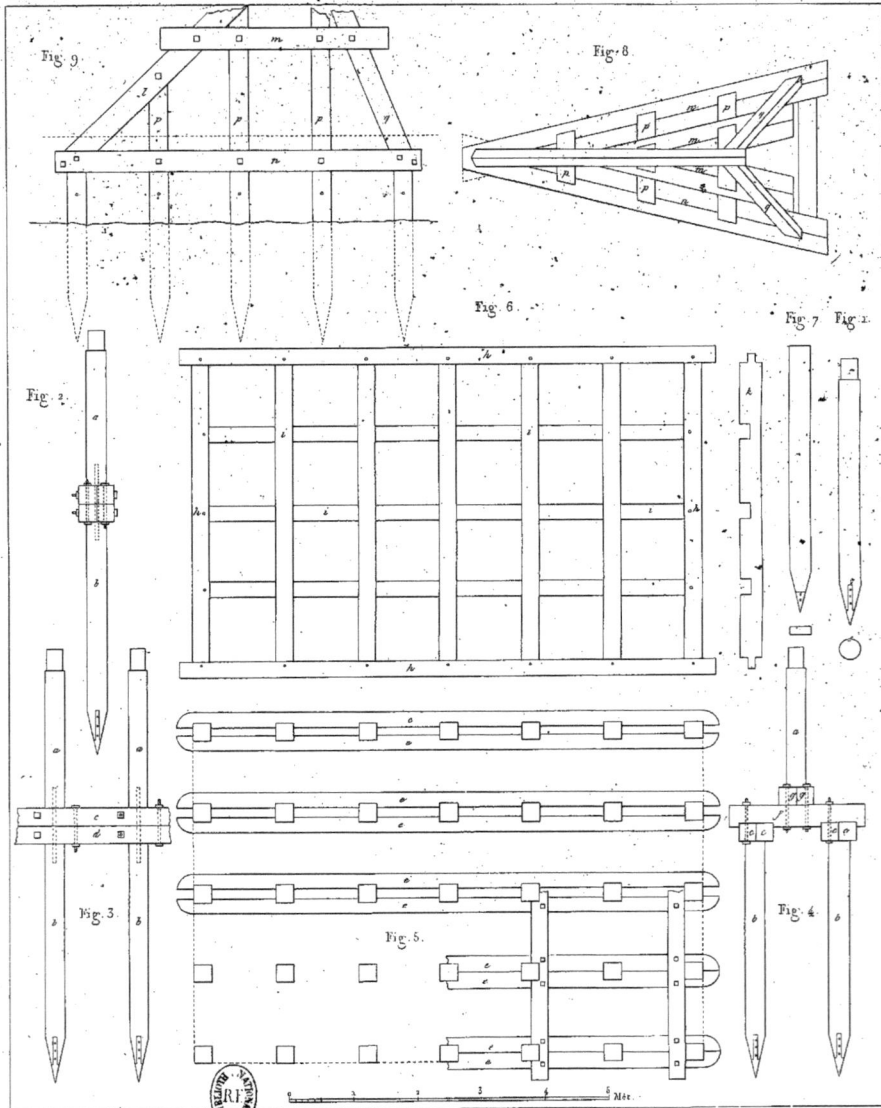

Fig. 9

Fig. 8

Fig. 6

Fig. 7   Fig. 1

Fig. 2

Fig. 3

Fig. 4

Fig. 5

Pl. 32.

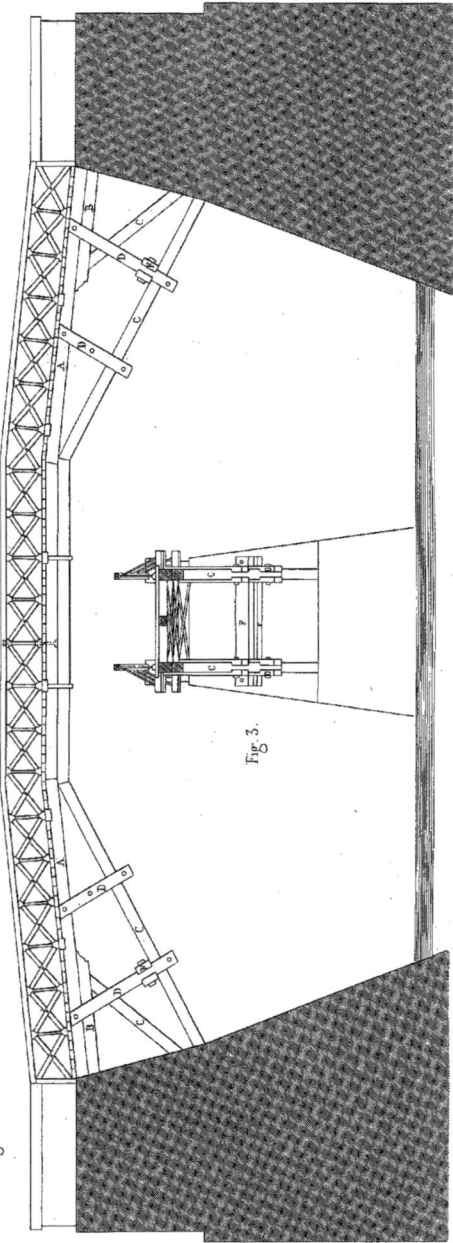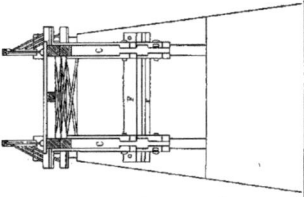

Fig. 1.

Fig. 3.

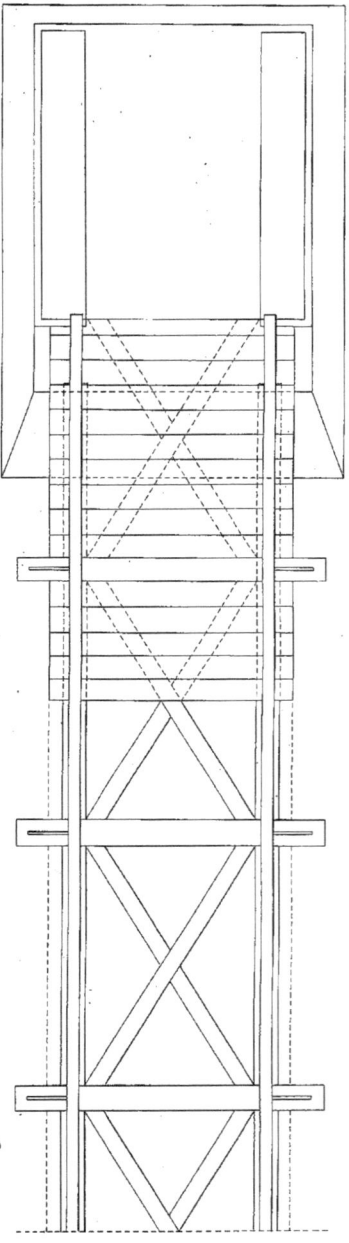

Fig. 2.

Echelle du plan

Pl. 33.

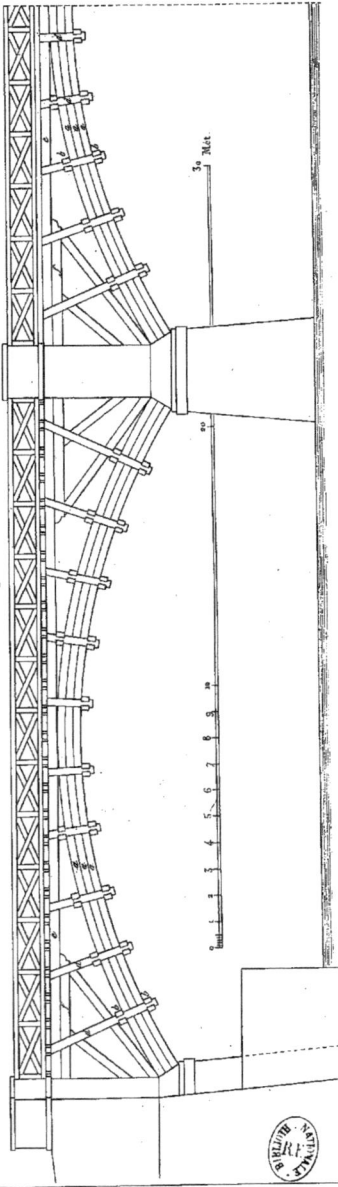

Fig. 1.

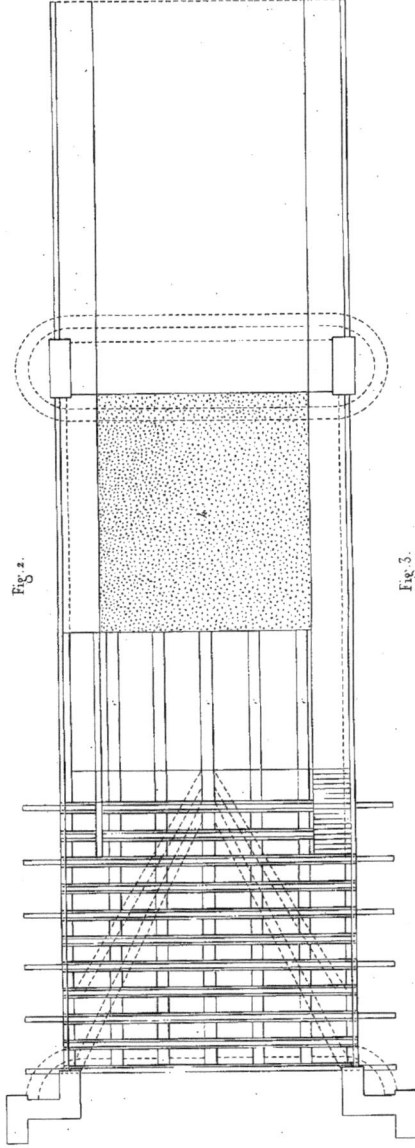

Fig. 2.

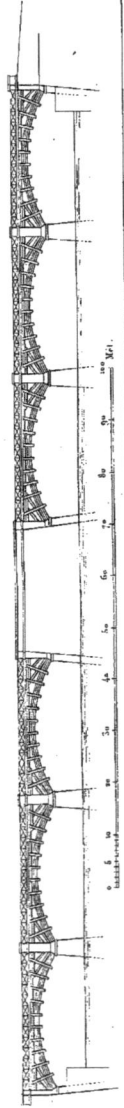

Fig. 3.

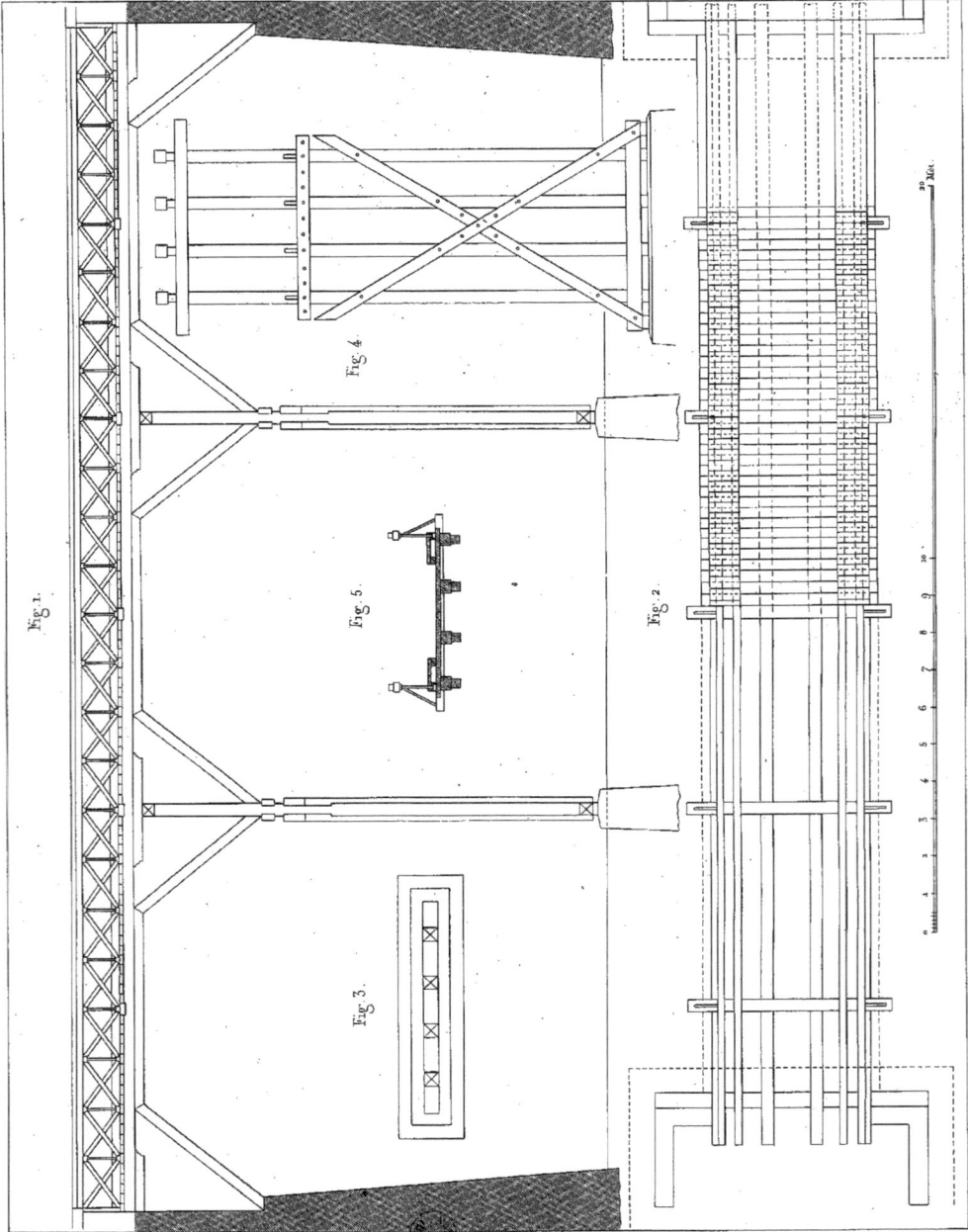

Pl. 34

Fig. 1.

Fig. 4

Fig. 5

Fig. 2

Fig. 3

Pl. 35

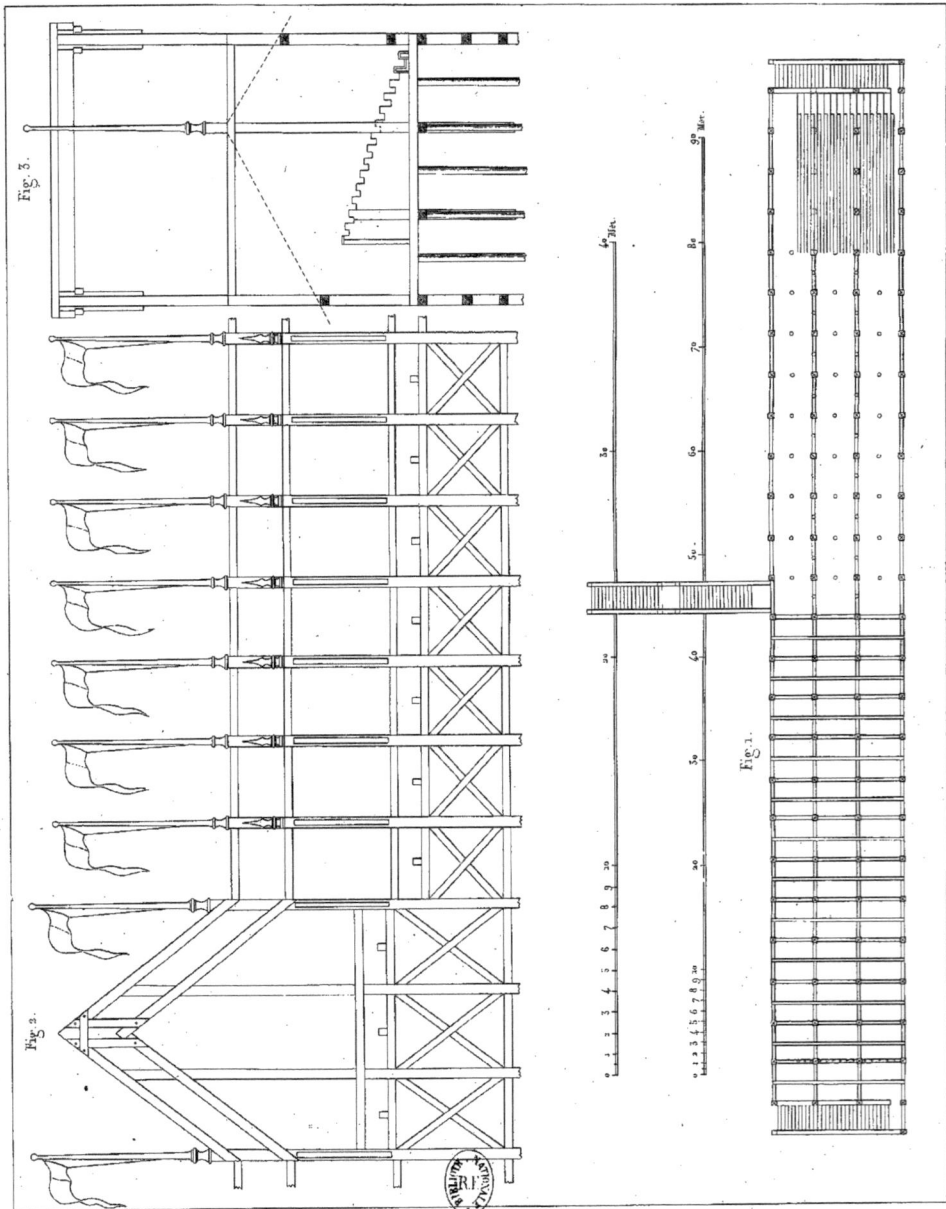

Fig. 3.

Fig. 2.

Fig. 1.

Fig. 3.

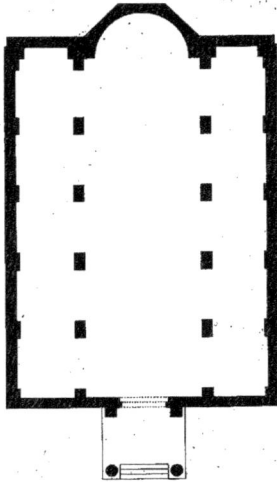

Fig. 1.

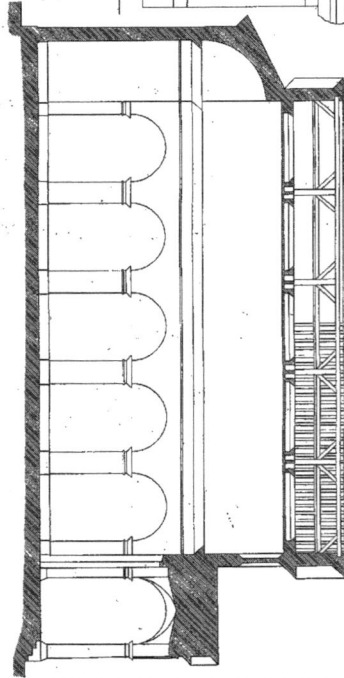

Fig. 2.

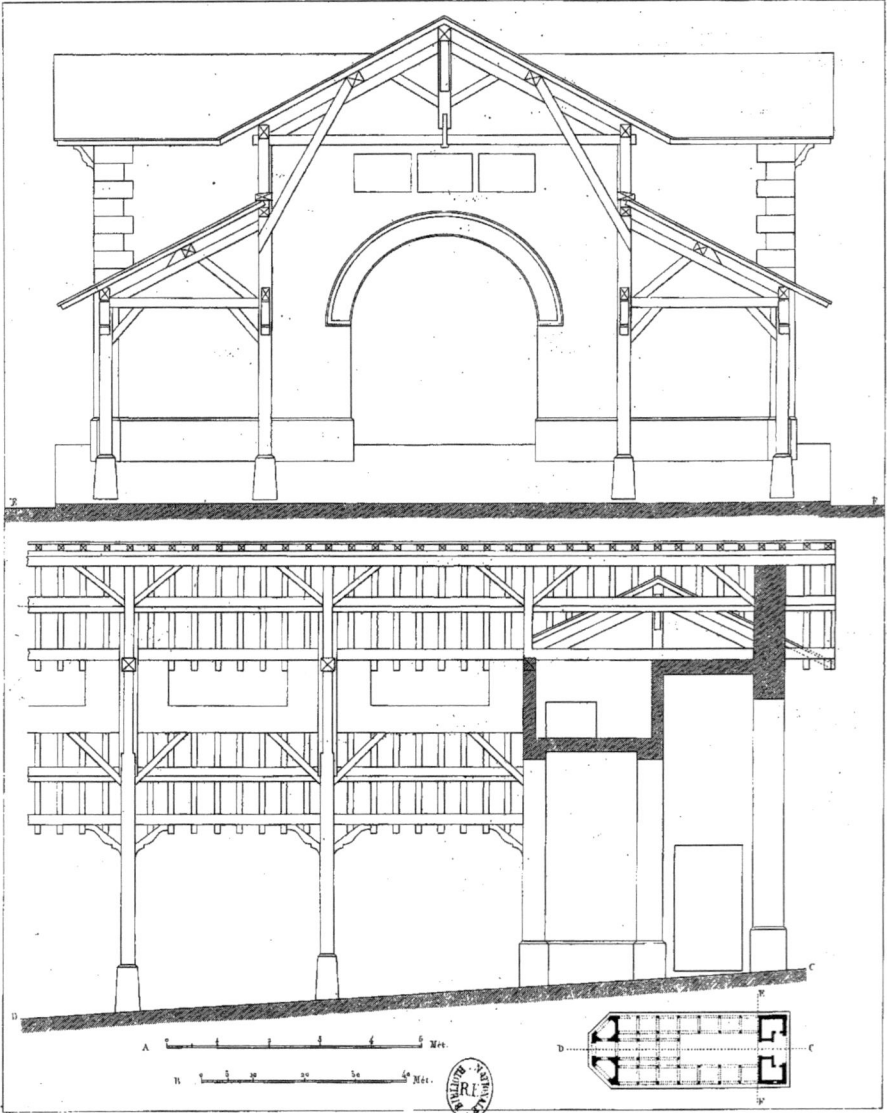

Pl. 38.

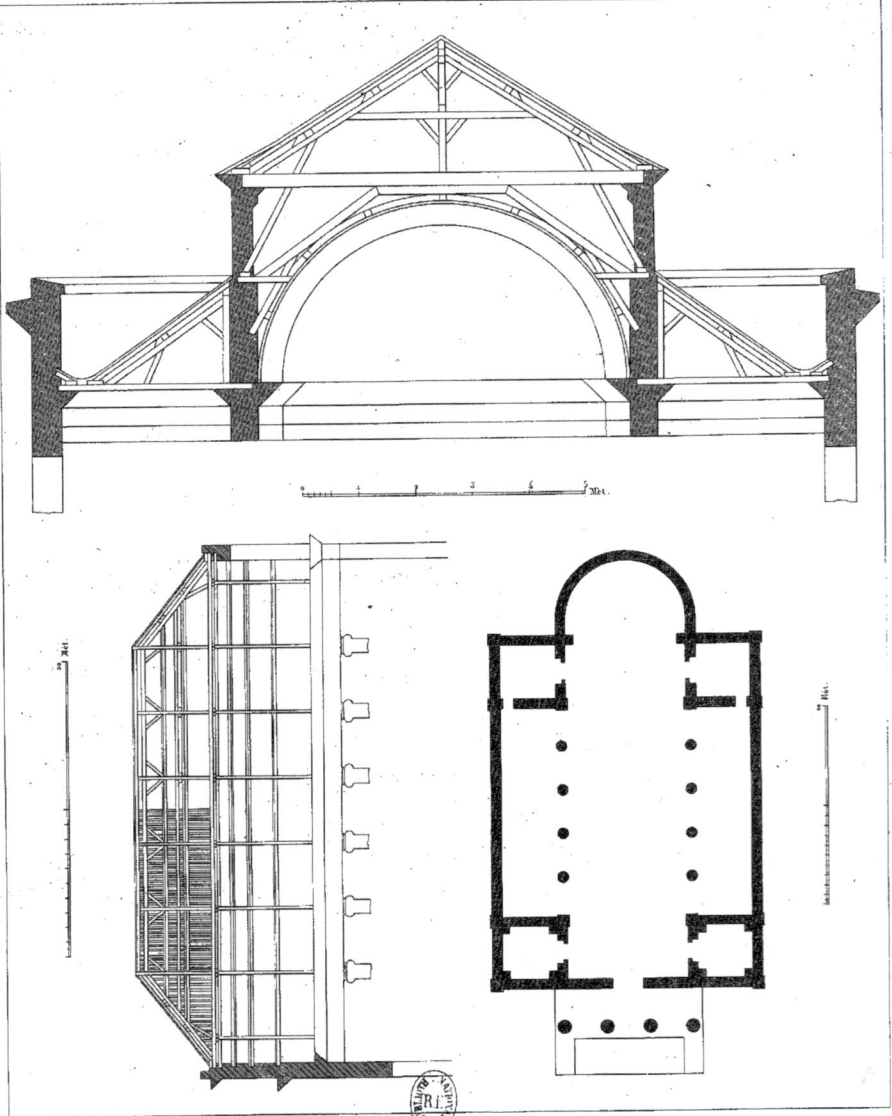

www.ingramcontent.com/pod-product-compliance
Lightning Source LLC
Chambersburg PA
CBHW060640100426
42744CB00008B/1704